For those whose work
chol_____ _iatr_
_._

DICTIONARY OF PSYCHOLOGY

WÖRTERBUCH DER PSYCHOLOGIE

Englisch-Deutsch

Alfred H. Berger

FREDERICK UNGAR PUBLISHING CO.
New York

DICTIONARY OF PSYCHOLOGY

English-German

Alfred H. Berger

FREDERICK UNGAR PUBLISHING CO.
New York

Copyright © 1977 by Frederick Ungar Publishing Co., Inc.
Printed in the United States of America
Library of Congress Card Catalog No. 76–15645
ISBN 0–8044–0043–1

PREFACE

This bilingual dictionary is intended for those active in the field of psychology, psychiatry, and the behavioral sciences, who consult professional literature in English and have no complete knowledge of that language.

For the frequent technical terms with Greek or Latin roots that are translated by German equivalents, also derived from the Greek and Latin, and differ from the former only in spelling or in endings, a definition is also given within parentheses. This is done because even the specialist cannot be expected to be familiar with every single term going back to the ancient languages. Giving as translations only such German words, as is done frequently in other bilingual dictionaries, would still leave the user in the dark about the meaning of these terms.

There are also psychological terms in English for which no German equivalents exist (or for which, after consultation with German psychologists, no equivalent could be ascertained). In such cases the compiler has offered fully understandable definitions, thus endeavoring to assure the reader's comprehension of the respective concepts.

Another helpful feature of this dictionary is the listing of the meaning of word elements (prefixes and suffixes) derived from Greek and Latin. These will enable the reader to understand at least part of an unknown word, and often more than that.

Frequent cross references in the entries indicate where additional information can be found.

The gender of German terms (see abbreviations) is given only if it is not clarified by the preceding article (*der*, *die*, *das*) or by the form of the preceding adjective. Commas between German terms indicate synonyms, while semicolons indicate additional meanings.

American spelling is used throughout.

The relative brevity of this dictionary may be explained by the fact that padding—the unnecessary inclusion of words of the general language—which clutters up so many specialized bilingual dictionaries, has to a large extent been avoided here.

It is hoped that the present volume will be found to be a helpful tool in the reading of psychological literature in English and will facilitate its study. Both editor and publisher will welcome comments and suggestions for future editions.

VORWORT

Das vorliegende zweisprachige Wörterbuch wird allen willkommen sein, die auf dem Gebiet der Psychologie, der Psychiatrie und der Verhaltenswissenschaften tätig sind, die einschlägige englische Literatur zu Rate ziehen und deren Kenntnis des Englischen nicht vollkommen ist.

Für die sehr häufigen Fachausdrücke, die griechische oder lateinische Wurzeln haben und die durch deutsche Entsprechungen übersetzt sind, die sich gleichfalls aus dem Griechischen oder Lateinischen ableiten und sich von letztern nur durch ihre Rechtschreibung oder ihre Endungen unterscheiden, wird auch eine in Klammern gesetzte Definition hinzugefügt. Dies deshalb, weil auch vom Spezialisten nicht erwartet werden kann, mit jedem einzelnen griechischen oder lateinischen terminus vertraut zu sein. Als Übersetzung solche deutsche Fremdwörter anzuführen ohne zusätzliche Bedeutungserklärung, wie dies so häufig in Spezialwörterbüchern der Fall ist, wird den Benützer über die Bedeutung solcher Fachausdrücke immer noch im Dunkeln lassen.

Für manche englische psychologische termini technici gibt es keine deutsche Entsprechung oder konnte keine solche in Beratung mit deutschen Psychologen in Erfahrung gebracht werden. In solchen Fällen konnte nichts anderes getan werden als möglichst präzise Definitionen der bezüglichen Begriffe zu bieten und so das volle Verständnis der Benutzer zu sichern. Ein weiterer Vorzug dieses Wörterbuchs ist das Verzeichnen der Bedeutung von Wortelementen (Vor-und Nachsilbe), die aus dem Griechischen oder Lateinischen herrühren. Sie lassen den Benützer wenigstens einen Teil des unbekannten Wortes verstehen, und oft mehr als das.

Häufige Kreuzverweise zeigen an, wo zusätzliche Information gefunden werden kann.

Das Geschlecht von Fachausdrücken (sieh Abkürzungen) ist nur dann hinzugefügt, wenn dieses nicht durch den vorhergehenden Artikel (der, die, das) oder durch die Form des vorhergehenden Adjektivs klargestellt ist. Beistriche zwischen Fachausdrücken bedeuten, daß es sich hier um Synonyme handelt. Strichpunkte zeigen zusätzliche Bedeutungen an.

Die amerikanische Schreibweise ist durchgehend verwendet worden.

Die verhältnismäßige Kürze dieses Wörterbuchs ist dadurch zu erklären, daß "wattieren", die überflüssige Einbeziehung von Wörtern der Allgemeinsprache, so charakteristisch für viele zweisprachige Spezialwörterbücher hier zum größten Teil vermieden wurde.

So ist zu hoffen, daß der vorliegende Band sich als nützlicher Behelf im Lesen englischer Fachliteratur erweisen und so ihr Studium fördern wird. Herausgeber und Verlag werden Hinweise zu Verbesserungen in künftigen Auflagen dankbar begrüßen.

ABBREVIATIONS ABKÜRZUNGEN

a	adjective	Adjektiv
ant.	antonym	Antonym
f	feminine	feminin
fig.	figurative	figurativ
m	masculine	maskulin
n	neuter	neutrum
pl	plural	Plural
s	substantive	Substantiv
v	verb	verb
v.i.	intransitive verb	intransitives Verb
v.t.	transitive verb	transitives Verb

A

abandonment complex Verlassenheitskomplex *m*

abasia funktionelle Gehunfähigkeit *f*

aberration Abirrung *f*; Irrsinn *m*: sexual aberration sexuelle Verirrung

abient behavior dem Reiz aus dem Wege gehendes Verhalten

ability, spatial Raumvorstellungsvermögen *n*

ablation Entfernung *f*, Amputation *f*

abreact abreagieren

abreaction Abreagieren *n* (Entladung verdrängter Gefühle durch Erinnerung und Artikulierung der verdrängten Erinnerung)

absolute difference threshold absolute Unterschiedsschwelle

absolute pitch absolutes Gehör

absolute threshold absolute Reizschwelle

abstract ability Abstraktionsfähigkeit *f*

absurdity test Absurditätstest

m (der die Aufgabe stellt, die Absurdität in einem Bild oder Schriftstück zu entdecken)

abulia Abulie *f*, Entschlußunfähigkeit

acarophobia krankhafte Furcht vor kleinen Dingen wie Würmern, Stecknadeln

acatalepsia Akatalepsie *f*, Geistesschwäche *f*

acatamathesia Akatamathesie, *f* Verminderung des sprachlichen Verständnisses

acataphasia Akataphasie *f* (Verwirrung des sprachlichen Ausdrucks)

acathisia Unfähigkeit *f* sich niederzusetzen, da dies intensive Angst verursacht

acceptance therapy *see* release therapy

accessibility Zugänglichkeit *f*

accident neurosis Unfallneurose *f*

accident-prone unfallsdisponiert

accident proneness Unfallstendenz *f*

accluded blockiert

accommodation dream Bequemlichkeitstraum *m*

acculturation Akkulturation *f*, Kulturübertragung *f*; Kulturaneignung *f*

accuracy test Genauigkeitstest *m*

accusticophobia Furcht *f* vor Geräuschen

achievement age das Alter in Bezug auf welches ein bestimmtes Leistungsniveau erwartet wird

achievement quotient Leistungskoeffizient *m* (das Verhältnis zwischen dem tatsächlichen und dem erwarteten Leistungsniveau)

Achilles jerk Fußknöchelzukkung *f*

achluophobia Furcht *f* vor der Dunkelheit

achromatism Achromatismus *m*, Farbenblindheit *f*

achromatopsia Achromatopsie *f* Farbenblindheit *f*

acoasm Akoasma *n* (Gehörshalluzination)

acoria dauernder Heißhunger

acrasia, acracy krankhafte Maßlosigkeit in allem

acratia Schwäche *f* Kraftlosigkeit *f*

acro- Wortelement mit der Bedeutung: die Extremitäten oder die äußersten Spitzen betreffend

acroesthesia erhöhte Schmerzempfindlichkeit in den Gliedern

acromegaly Riesenwuchs *m*

acromicria Zwergwuchs *m*

acroparesthesia Gefühl *n* der Empfindungslosigkeit in den Gliedern; Neurose, meist bei älteren Frauen, mit dem Gefühl des Juckens oder Kribbelns und Kälte in den Händen

acrophobia Akrophobie *f*, Höhenangst *f*

action, faulty Fehlleistung *f*

action potential (AP) Aktionspotential *n*

action, voluntary Willkürhandlung *f*

activity catharsis seelische Entspannung bei der verdrängte Gefühle und Gedanken durch Handlungen nicht durch Worte zum Ausdruck kommen

activity, minute motor Feinmotorik *f*

activity, nervous Nerventätigkeit *f*

act out agieren

act psychology (F. Brentano) die Auffassung, daß jedes psychische oder geistige Phänomen sich auf ein anderes Objekt als auf das Selbst bezieht und daß das Beziehen, nicht das Objekt, Gegenstand der Psychologie ist.

actual neurosis Aktualneurose *f* (Neurose, bei der die Störung auf einen organischen Fehler zurückzuführen ist)

acuity Wahrnehmungsschärfe *f*

acuity, auditory Hörschärfe *f*

acuity, olfactory Geruchschärfe *f*

acuity, sensory Sehschärfe *f*

acuity, tactile Tastschärfe *f*

acyanopsia Azyanopsie *f*, Blaublindheit *f*, Violettblindheit *f*

adaptability Anpassungsfähigkeit *f*

adaptation syndrome Anpassungssyndrom *n*

adaptedness Angepaßtheit *f*

adaption level Adaptionsniveau *n*

adaptional Anpassungs-

adaptation, alloplastic *see* alloplastic adaptation

adaptation, negative *see* negative adaptation

adaptation, reality Wirklichkeitsanpassung *f*

addiction Süchtigkeit *f*

ademonia aufgeregte Depression *f*

adephagia krankhafte Gefräßigkeit

adhesiveness of the libido Klebrigkeit *f* der Libido

adiadochokinesis Unfähigkeit *f*, Bewegungen durchzuführen, die schnelle Veränderungen in sich schließen; andauernde Bewegung

adient reizaffin, dem Reiz sich aussetzend

adjustment difficulties Anpassungsschwierigkeiten *f/pl*

adrenal glands Nebennierendrüsen *f/pl*

adultomorphism die Deutung des Verhaltens von Kindern, als wäre es das von Erwachsenen

adventitious deafness zufällige (durch Unfall erworbene) Taubheit

13

adynamia Adynamie *f*, Kraftlosigkeit *f*

aeroneurosis Luftkrankheit *f* (oft bei Fliegern vorkommend)

aerophagia Aerophagie *f*, krankhaftes Luftschlucken (Hysteriesymptom)

aerophobia krankhafte Angst vor frischer Luft oder Zug

aesthesia, esthesia Ästhesie *f*, Empfindungsfähigkeit *f*

aetiological *see* etiological

affect *v* beeinflussen

affect *s* Affekt *m*, Gemütsbewegung *f*: associated (disassociated, shut-in, split-off) affect Begleitaffekt (abgespalteter, eingeklemmter, Affekt)

affectability die Fähigkeit, Gefühle oder Emotionen zum Ausdruck zu bringen

affect, associated Begleitaffekt *m*

affectation Affektiertheit *f*; Heuchelei *f*

affect block Affektsperre *f*

affect displacement Affektverschiebung *f*

affect, disassociated abgespaltener Affekt

affected ergriffen; gerührt; beeinflußt

affect equivalent affektives Equivalent

affection Affekt *m*; Erregungszustand *m*; Neigung *f*

affective affektiv, emotionell, Gefühls-

affective cathexis Affektbesetzung *f*

affective eudomonia Flucht aus einer unerträglichen Realität in den Wahnsinn

affective experience gefühlsbetontes Erlebnis

affective outburst Gefühlsausbruch *m*

affective psychosis Affektpsychose *f*

affective reaction Affekthandlung *f*

affect, shut-in eingeklemmter Affekt

affect, split-off abgespalteter Affekt

affective state Erregungszustand *m*

affective tie Affektbindung *f*

affective transformation die im Traum erfolgende Umkehrung einer Emotion in ihr Gegenteil

affectively cathected affektbesetzt

affectively toned affektbetont

affectivity Affektivität *f*, Reizbarkeit *f*, die Tendenz emotionell zu reagieren; die Intensität der Emotion

affectomotoric charakterisiert durch intensive seelische Spannung und gesteigerte Muskeltätigkeit

afferent zuführend

afferent nerve Empfindungsnerv *m*

affiliate behavior Verhalten, das geeignet ist freundliche Beziehungen herzustellen

affiliation need Bedürfnis *n* sich anzuschließen, Geselligkeitsbedürfnis *n*

afflux of stimulus Reizzufuhr *f*

aftercare Nachbehandlung *f*

after discharge Nachentladung *f*

after-discharge reflex reflektorische Nachentladung

aftereffect Nachwirkung *f*

aftereffect of movement Bewegungsnachbild *n*

afterimage Nachbild *n*, Nachempfindung *f*

aftersensation fortgesetzte oder nachträgliche Empfindung

agapaxia emotionelle Überempfindlichkeit *f*

age, basal Grundalter *m*, das höchste Altersnieveau beim Testen, bei dem der Prüfling alle Tests besteht

agency of the super-ego die Instanz des Über-Ichs

agent Agens, bewirkende Kraft

agerasia hohes Alter bei jugendlichem Aussehen und ebensolcher Vitalität

ageusia, ageustia Geschmackslähmung *f*, Geschmacksverlust *m*

agglossia Agglossie *f*, Stummheit *f*

aggramatism Unfähigkeit sich grammatikalisch oder zusammenhängend auszudrücken

aggressive angriffslustig; schneidig; initiativ

aggressive instinct Aggressionstrieb *m*

aggressiveness, aggression, aggressivity Angriffslust *f*, Aggression *f*, Aggressivität *f*

agitated erregt, aufgeregt

agitation Gemütserregung *f*

agitolalia, agitophasia abnorm schnelles, undeutliches Sprechen

agnosia Unfähigkeit *f*, oder

geminderte Fähigkeit, Sinnesempfindungen oder selbst vertraute Gegenstände zu erkennen oder zu deuten; seine Meinung über einen bestimmten Wahrheitsanspruch nicht festlegen

agoraphobia intensive Angst vor weit offenem Gelände; Platzangst *f*

agraphia Agraphie *f*, Unfähigkeit *f*, zu schreiben

agromania intensiver Drang auf dem Lande oder abgesondert zu leben

agrypnia Agrypnie *f*, Schlaflosigkeit *f*

agrypnotic schlafhindernd

agyiphobia Furcht *f*, auf der Straße zu sein oder sie zu überqueren

aha experience Aha- (déjà vue) Erlebnis *n*

aim-cathected zielbesetzt

aim cathexis Zielbesetzung *f*

aim-inhibited zielgehemmt

aim inhibition Zielhemmung *f*

aim of the instinct Triebziel *n*

akinesia Akinesie *f*, Bewegungsarmut *f*

akinesthesia Akinästhesie *f* (Unfähigkeit *f*, die Bewegungen

des eigenen Körpers zu spüren)

alexia Alexie *f*, Wortblindheit *f* (Unvermögen zu lesen)

alg-, algo-, -algia Wortelement mit der Bedeutung: Schmerz

algesia, algesis, algesthesis Schmerzempfindlichkeit *f*

algolagnia Algolagnie *f*, Schmerzwollust *f*

algophilia Algophilie *f*, Schmerzwollust *f*

algophobia krankhafte Furcht vor Schmerz

alienation Entfremdung *f*, Entfremdetsein *n*

allel, allele Allel *n*, Erbfaktor *m*

allo- Wortelement mit der Bedeutung: entgegengesetzt, verschieden, anders, anderswo

allochiria Allocheirie *f*, (Nervenstörung bei der Tastsinnreize an der Stelle einer Seite des Körpers an der gleichen Stelle der andern Seite des Körpers empfunden werden)

alloeroticism Alloerotik *f*, *ant.*: autoerotocism

alloplastic adaptation alloplastische Anpassung (bei der das Individuum sich an die Umgebung anpaßt und diese dabei verändert)

alloplasty Alloplastik *f* (der Prozeß der Anpassung in der Entwicklung des Individuums, in der es sich vom Selbst andern Personen zuwendet)

allotriogeusia Geschmacksverirrung *f*; abnormaler Appetit

allotriophagy krankhafter Trieb, unnatürliche Nahrungsmittel zu essen

allotropic type (A. Meyer) Typus der dazu neigt, übertrieben darüber besorgt zu sein, was andere sagen oder denken

alogia Unfähigkeit *f*, zu reden (als Folge einer Gehirnverletzung); Stummheit des Blödsinnigen

alteration of the ego Ichveränderung *f*

altrigendrism gesunde unerotische Beziehung zwischen den Geschlechtern *f*

altruistic altruistisch, selbstlos

alysm Ruhelosigkeit *f*, eines Kranken

amatophobia krankhafte Furcht vor Staub, Putzteufel *m*

amaurosis Amaurose *f*, totale Blindheit *f*

amaurotic amaurotisch, blind

amaxophobia Furcht *f* in einem Fahrzeug zu sein

ambilevous, ambisinister, ambisinistrous mit beiden Händen gleich ungeschickt

ambivalence Ambivalenz *f* (das gleichzeitige Vorhandensein einander entgegengesetzter Gefühle wie Liebe und Haß)

ambivalent ambivalent

ambiversion Zwischenzustand *m* zwischen Introversion und Extraversion

amblyope schwachsichtig

amblyopya Schwachsichtigkeit *f*

ameleia Indifferenz *f*

amenomania milde Form von Geisteskrankheit charakterisiert durch übergroße Fröhlichkeit, Freude an Kleidern etc.; krankhaft erhöhter Erregungszustand; manische Phase der manisch-depressiven Psychose *f*

amenorrhea Ausbleiben *n* der Regel (Periode)

amimia Verlust *m* der Ausdrucksfähigkeit

amnemonic auf Verminderung oder Verlust des Gedächtnisses bezüglich

amnesia Amnäsie *f*, Gedächtnisverlust *m*

amnesia, retrograde Gedächtnisverlust *m*, für solche Ereignisse, die der Ursache des Gedächtnisverlusts vorausgehen

amphierotism Zustand. in dem sich eine Person gleichzeitig als männlich und weiblich empfindet

amusia Verlust *m*, der Fähigkeit sich an Musik zu erfreuen

amyostasia Muskelzittern *n*

anaclisis Anlehnung (Freud)

anaclitic anaklitisch, sich anlehnend, emotionell abhängig

anaclitic depression Anlehnungsdepression *f*

anaclitic type of object choice Anlehnungstypus *m*, der Objektwahl

anacoluthic anakoluth, unzusammenhängend, folgewidrig (unzusammenhängendes Reden, Auslassen von Wörtern)

anagogic anagogisch, sinnbildlich; das spirituelle Streben des Unbewußten ausdrükkend (Jung)

anagogic interpretation anagogische (sinnbildliche) Deutung

analeptic *a* analeptisch, kräftigend

analeptic *s* Kräftigungsmittel *n*

anal eroticism Aftersexualität *f*

anal zone Afterzone *f*

analgesia Schmerzunempfindlichkeit *f*; Schmerzlinderung *f*

analgesic analgetisch, schmerzlindernd

analgia *see* analgesia

analgize schmerzunempfindlich machen

anality Analität *f*

anal-sadistic stage (phase) sadistisch-anale Stufe (Phase)

analysand Person *f*, in analytischer Behandlung

analysis Analyse *f*

analysis, ego Ichanalyse *f*

analysis, existential Daseinsanalyse *f*

analysis, mental Geistesanalyse *f*

analysis of variance Varianzanalyse *f*

analysis, profile Profilanalyse *f*, Persönlichkeitsanalyse *f*

analysis, scatter Streuungsanalyse *f*, Dispersionsanalyse *f*

analysis, situation Situationsanalyse *f*

analyst Analytiker *m*

analytic, analytical analytisch
analytical neurosis *see* neurosis analytical
analyze analysieren
anamnesis Anamnese *f*, Vorgeschichte *f*
anancasm Anankasmus *m* (stereotypes Verhalten); Zwangsneurose *f*
anancastia Zustand in dem man sich gezwungen fühlt, gegen seinen Willen zu handeln, zu denken oder zu empfinden
anandria Anandrie *f*, (Fehlen männlicher Geschlechtsmerkmale)
anaphia Anaphie *f*, Verlust *m*, des Tastsinns
anaphrodisiac den Geschlechtstrieb schwächend
anaphylaxis Anaphylaxie *f*, (Überempfindlichkeit) *f*
anarthria Anarthrie *f*, gestörte Sprechartikulation
anchorage effect Verankerungseffekt *m*
androgyn Androgyn *m* Hermaphrodit *m*; weibischer Mann; Mannweib *n*
androgynous androgyn(isch), hermaphrodytisch
andromania Andromanie *f*,

Mannstollheit *f*
androphobia Androphobie *f*, Männerscheu *f*
androphonomania krankhafte Mordgier
anemophobia Furcht *f*, vor Wind
anergesia völliger Energiemangel
anergia Untätigkeit; Energiemangel *m*
anerotism Anerosie *f*, Fehlen *n* des Geschlechtstriebs
anesthesia Anästhesie *f*, Narkose *f*; Betäubungsmittel *n*; Gefühllosigkeit *f*
anesthesia, sexual Geschlechtskälte *f*
anesthetic, anesthesiant Betäubungsmittel *n*
anesthetist Narkotiseur *m*
anesthetization Anästhesierung *f*
anesthetize anästhesieren, narkotisieren
anethopath Mensch *m* ohne moralische Hemmungen
anethopathy Fehlen *n*, moralischer Hemmungen
angio- Wortelement mit der Bedeutung: Blutgefäß
angioneurosis Angioneurose *f*, Vasoneurose *f*

anginophobia Furcht *f* vor Ersticken

angle, visual Gesichtswinkel *m*

anhedonia Unfähigkeit *f*, Vergnügen zu empfinden

anhormia Antriebsmangel *m*, Antriebsstörung *f*

animalism Animalismus *m*, Vertiertheit *f*; animalisches Wesen; die Auffassung, daß die menschliche Natur nicht spirituell ist

anoetic idiotisch

anoia Idiotie *f*

anomalous abnormal; unregelmäßig

anomaly Abnormität *f*; Unregelmäßigkeit *f*

anomia Unfähigkeit *f*, sich an den Namen von Personen oder Gegenständen zu erinnern

anomie, anomy Anomie *f* (Lokkerung *f* oder Fehlen sozialmoralischer Leitideen)

anopsia Anopsie *f*; Aufwärtsschielen *n*

anorectic appetitlos

anorexia Appetitlosigkeit *f*

anorgasmy Anorgasmie *f*, Unfähigkeit *f* einen Orgasmus zu erreichen

anosmia Anosmie *f* (Fehlen des Geruchsinns)

anosognosia Anosognosie *f* (seiner Krankheit sich nicht bewußt sein)

anoxemia *see* anosognosia

anthroponomy Anthroponomie *f* (Wissenschaft vom menschlichen Verhalten)

anthropophobia Menschenscheu *f*

anticathexis Gegenbesetzung *f* (Freud) (die Energie, die daran gewendet wird, verdrängtes Material im Unbewußten zu behalten; die Besetzung, die für das Blockieren des unbewußten Materials erforderlich ist)

anticipation anxiety Erwartungsangst *f*

anxiety Angst *f*; Unruhe *f*; starkes Verlangen

anxiety affect Angstaffekt *m*

anxiety, anticipatory (or expectant) Erwartungsangst *f*

anxiety attack Angstanfall *m*

anxiety conservation Angsterhaltung *f*

anxiety, discharge Angstabfuhr *f*, Angstentbindung *f*

anxiety dream Angsttraum *m*

anxiety equivalent Angstequivalent *n* (z.B. Schwitzen, Zit-

tern, intensiver Hunger, Schlaflosigkeit)

anxiety, free-floating frei flot-
tierende Angst

anxiety hysteria Angsthysterie
f

anxiety, manifest *see* manifest
anxiety

anxiety, mastery of Angstbeherr-
schung *f*

anxiety, moral Gewissensangst
f

anxiety neurosis Angstneurose
f

anxiety, objective die Angst,
für die ein verständlicher und
identifizierbarer Grund vorhanden ist

anxiety, paralysis due to Angst-
lähmung *f*

anxiety pleasure Angstlust *f*

anxiety, primal Urangst *f* (des
Säuglings vor der Trennung
von der Mutter)

anxiety reaction Angstreaktion
f

anxiety readiness Angstbereit-
schaft *f*

anxiety, realistic Realangst *f*

anxiety (-caused) regression
Angstregression *f*

anxiety situation (state) Angst-

situation (-zustand)

anxiety state Angstzustand *m*

anxiety tolerance Angstschwelle
f (die Intensität von Angst,
die ohne psychischen Schaden
noch ertragen werden kann)

anxiety, unattached *see* anxiety,
free-floating

apareunia Unfähigkeit *f* Geschlechtsverkehr zu haben

apathetic, apathetical apathisch;
gleichgiltig; unempfänglich

apathy Apathie *f*, Teilnahmslosigkeit *f*; Gleichgiltigkeit *f*;
Stumpfheit *f*

aphanisis Verschwinden *n* des
Geschlechtstriebs

aphasia Aphasie *f*, Verlust *m*
der Sprechfähigkeit und des
Sprachverständnisses

aphasiac, aphasic aphasisch,
sprachgestört; stumm

aphemia Aphemie *f*, Verlust *m*
der artikulierten Sprache;
Wortstummheit *f*

aphrasia *see* aphasia

aphrodisiac *a* aphrodisisch,
sinnlich; den Geschlechtstrieb
erhöhend

aphrodisiac *s* den Geschlechtstrieb erhöhendes Mittel *n*

aplastic unvollkommen entwikkelt

apopathetic behavior Verhalten, das von der Anwesenheit anderer beeinflußt ist ohne gegen diese gerichtet zu sein

apoplectic apoplektisch, Schlagfluß-

apoplectic stroke Schlaganfall *m*, Schlagfluß *m*

apoplectic type Apoplektiker *m*

apoplexy Schlaganfall *m*, Schlagfluß *m*: struck with apoplexy vom Schlag gerührt

appeal Anziehungskraft *f* (für), Anklang *m* (bei)

apperception Apperzeption *f*, bewußtes Auffassen

apperception, categories of Apperzeptionskategorien *f pl*

apperception phases Apperzeptionsstadien *f pl*

apperception, psychology of Apperzeptionspsychologie *f*

apperception, speed of Apperzeptionsgeschwindigkeit *f*

apperceptive apperzeptiv, mit Bewußtsein wahrnehmend

appersonation Appersionierung *f*, Wahn ein(e) andere(r) zu sein; Illusion, die die Grenze des Ichs erweitert und einen Gegenstand einbezieht und die

Reize, die auf diesen einwirken, empfindet, als wären sie auf die eigene Person ausgeübt

appetence Begierde *f*, Gelüst(e) *n*; natürliche Anziehung

appetitive begehrend, Appetenz-

appetitive behavior Appetenzverhalten *n*

apprehension span Wahrnehmungsspanne *f*

approach-approach conflict Situation, in der sich gleich attraktive aber mit einander unvereinbare Möglichkeiten anbieten

approach-avoidance conflict Situation in der sich anziehende und abstoßende Möglichkeiten, ein Ziel zu erreichen, anbieten *f*

approach gradient die zunehmende Anziehungskraft des Ziels, je näher man diesem kommt

approach type Verhaltenstypus *m* (klassifiziert nach der Reaktion in der Behandlung des Tintenklecks) (Rorschach)

approximation conditioning approximatives Bedingen

apraxia Unfähigkeit *f* komplizierte, koordinierte Bewegungen auszuführen

apraxia, amnesic (cortical, motor, sensory) amnestische, (kortikale, motorische, sensorische) Apraxie

aprosexia krankhafte Unfähigkeit anhaltender Aufmerksamkeit

apsychical nicht psychisch; unbewußt

apsychognosia mangelndes Bewußtsein der eigenen Person oder der eigenen Geistesverfassung

apsychonomous apsychonom (nicht psychischer Natur aber von psychischer Wirkung)

aptitude, manual manuelle Geschicklichkeit

aptitude test Eignungstest *m*

aptitude, vocational Berufseignung *f*

archetype Archetypus *m* (Jung) (von der Erfahrung der Rasse ererbte Art des Denkens, noch vorhanden in dem Unbewußten des Individuums, dessen Denken und Art die Welt zu empfinden es beherrscht)

archetypical archetypisch; primitiv

area Fläche *f*; Oberfläche *f*; Flächenraum *m*

area, auditory Hörsphäre *f*

area, olfactory Riechsphäre *f*

area, suppressor Hemmungssphäre *f*

argumentative streitsüchtig

arithomania Arithomanie *f*, Zählzwang *m*

armchair psychology Schreibtischpsychologie *f*

arousal function Erregungsfunktion *f*

asapholalia undeutliche Aussprache

ascendancy relation Überlegenheitsbeziehung *f*

ascetic asketisch, enthaltsam

asceticism Askese *f*, Enthaltsamkeit *f*

asemia, asemasia Asemie *f*, Sprechunfähigkeit; Unfähigkeit Sprache zu verstehen

asexual ungeschlechtlich

asexuality Ungeschlechtlichkeit *f*

asitia Appetitlosigkeit *f*

asocial ungesellig; selbstisch; asozial

asociality Ungeselligkeit *f*; Asozialität *f*

asonia Asonie *f*, Tontaubheit *f*

asphyxia Asphyxie *f*, Erstikkung *f* durch Sauerstoffmangel
asphyxial asphyktisch
association Assoziation *f*, Verbindung *f*; Gedankenverbindung *f*
association areas Assoziationszentren *n/pl*
association by contrast heterosensorielle Assoziation
association, controlled (or induced) gerichtete Assoziation
association, forward vorwärtsgerichtete Assoziation
association, immediate direkte Assoziation
association, law of Assoziationsgesetz *n*
association, mediate unmittelbare Assoziation
association of a generic subject totalisierende Assoziation
association of a part to the whole partialisierende Assoziation
association of ideas Gedankenassoziation *f*
association paths Assoziationsbahnen *f/pl*
association region Assoziationszentrum *n*
association, remote mittelbare Assoziation

association test Assoziationsversuch *m*
associative assoziativ, durch Assoziation erworben
associative psychology assoziative Psychologie
asphyxiant *a* Erstickung bewirkend; zu Erstickung neigend
asphyxiant *s* Erstickung hervorrufendes Gift
asphyxiate ersticken
asphyxiation Hervorrufen *n* der Erstickung; Erstickungszustand *m*
astasia Astasie *f*, Unfähigkeit *f* zu stehen
astereognosis Astereognosie *f*, Tastlähmung *f*
asthenia Asthenie *f*, Schwäche *f*
asthenic asthenisch, schwächlich
asthenophobia Asthenophobie *f*, Furcht *f* vor Schwäche
asthenopia, asthenopy Asthenopie *f*, Sehschwäche *f*
astrophobia Astrophobie *f*, krankhafte Furcht vor Donner und Blitz
astyphia, astysia Impotenz *f*
asymbolia Asymbolie *f* (Sprachstörung, die Gebrauch oder

Verständnis von Symbolen unmöglich macht)

asynchronism Asynchronose *f*, Mangel *m* an Gleichzeitigkeit

asyndesis Asyndesie *f*, Zusammenhanglosigkeit *f*

ataraxia, ataraxy Seelenruhe *f*, Unerschüttertheit *f*

ataxia Unregelmäßigkeit *f*, Koordinationsstörung *f* der Muskeln

ataxophemia Zusammenhanglosigkeit *f* der Rede

ateleiosis Ateleiosis *f*, Zwergwuchs *m*

athetosis Athetose *f*, ungeordnete Bewegung der Glieder

athymia, athymy Athymie *f*, Melancholie *f*

atonia, atonicity, atony Atonie *f*, Schwäche *f*

atrophy Atrophie *f*, Verkümmerung *f*, Schwund *m*; Entartung *f*

attachment (to) Bindung *f* (an)

attachment to the father Vaterbindung *f*

attack Attacke *f*, Anfall *m*

attack of acute mania Tobsuchtsanfall *m*

attensity Klarheit *f* der Sinne

attention (concentrated, fluctuat-

ing, punctual, suspended) Aufmerksamkeit *f* (konzentrierte, fluktuierende, punktuelle, schwebende)

attention level Aufmerksamkeitsniveau *n*

attitude Einstellung *f*, Verhalten *n*

attitude cluster Einstellungsbündel *n*

attitude, interfamilial Einstellung *f* innerhalb der Familie

attitude of mind Geisteshaltung *f*

attitude questionnaire Einstellungsfragebogen *m*

attitude, social soziale Einstellung

attitude, stimulus Reizobjekteinstellung *f*

attitude therapy Psychotherapie *f*, die darauf abzielt, den Patienten ein Verhalten annehmen zu lassen, das harmonische Beziehungen ermöglicht

attitude universe Gesamtheit *f* der Einstellungen

attonity völlige oder beinahe völlige Unbeweglichkeit (bei Schizophrenie vorkommend)

audibility Hörbarkeit *f*

audibility curve Lautstärkenkurve *f*

audibility range Hörbereich *m*

audile type Person die durch Hören besser versteht als durch Sehen

audiogenic durch Töne 'verursacht

audiogram Audiogramm *n*, Hörkurve *f*

auditive *a* auditiv, Hör-, Gehör-

auditive *s* Person die durch Hören besser lernt als durch Sehen

auditory auf das Gehör bezüglich, Gehör-, Hör-

auditory area Hörsphäre *f*, kortikales Hörzentrum

auditory nerve Gehörnerv *m*

auditory threshold Hörschwelle *f*

auditory type Gehörtypus *m*

auralize sich Gehörtes vorstellen (*see* visualize)

autemesia krankhaftes Erbrechen (gewöhnlich aus psychischen Ursachen)

authoritarianism herrisches Wesen (Depressionssymptom)

authoritative imperative ein Befehl *m* des Überichs, das unbewußt das Verhalten dirigiert

autism Autismus *m*, sich Ab-

schließen von der Realität; Denken nach affektiven statt logischen Zusammenhängen

autistic autistisch; introvertiert

autodivinization complex Selbstvergötterungskomplex *m*

autoecholalia stereotypes Wiederholen der eigenen Worte

autoechopraxia unaufhörliches Wiederholen des eigenen Tuns

autoeroticism, autoerotism Autoerotismus *m* Autoerastie *f* (Narzißmus, Masturbation)

autogenous selbstentstanden

autohypnosis Selbsthypnose *f*

automatic automatisch, selbsttätig; unwillkürlich, mechanisch

automatism Automatismus *m*, Selbstbewegung *f*, Unwillkürlichkeit *f*

automaton Automat *m*, mechanischer handelnder Mensch

automyosophobia krankhafte Furcht, schmutzig zu sein oder übel zu riechen

autonomasia Unfähigkeit *f* sich an Namen zu erinnern

autonomous autonom, eigengesetzlich

autonomous complex autonomer Komplex (Jung) (bildet sich im Unbewußten, bricht in späterer Phase ins Bewußtsein durch)

autonomy Autonomie *f* Eigengesetzlichkeit *f*

autonomy drive Unabhängigkeitstrieb *m*

autopathy Störung *f* ohne ersichtliche Ursache

autophagy krankhafte Neigung sich zu beißen

autophilia Selbstliebe *f*, Narzißmus *m*

autophobia Furcht *f* allein zu sein; Furcht vor sich selbst

autophony Autophonie *f*, verstärktes Hören der eigenen Stimme

autoplastic adaptation Anpassung an die Umgebung ohne diese zu verändern

autosuggestion Autosuggestion *f*

autosuggestive autosuggestiv

autotelic selbstbezweckend

autotomia Selbstverstümmelung *f*

aversion therapy Aversionstherapie *f*, negatives Konditionieren (das Verbinden von unerwünschten Symptomen oder von ungewolltem Verhalten mit schmerzenden oder unangenehmen Reizen, bis das unerwünschte Verhalten aufgehört hat)

avitaminosis Avitaminose *f*, Vitaminmangelkrankheit *f*

awkward linkisch, unbeholfen

awkwardness linkisches Wesen, Unbeholfenheit *f*

axiological einen moralischen Maßstab anlegend; deutend

axiology Lehre *f* von sittlichen Werten

axis of reference Bezugsachse *f*

B

babbling stage Babbelstadium *n*
baby talk Babysprache *f*, kindische Ausdrucksweise *f*
backlash (*fig.*) heftige Rückwärtsbewegung, Rückprall *m*
backwardness Zurückgebliebenheit *f*, Retardierung *f*
bandwaggon effect Mitläufereffekt *m*
bar diagram Balkendiagramm *n*
basal metabolism Grundumsatz *m*, Grundstoffwechsel *m*
base age Grundalter *n*
base frequency Grundfrequenz *f*
basophobia Furcht *f* zu gehen oder aufrecht zu stehen
bathyesthesia Bathyästhesie *f*, übergroße Empfindsamkeit
batho-, bathy- Wortelemente mit der Bedeutung: tief, Tiefen-
batophobia krankhafte Furcht vor großen Höhen oder hohen Gegenständen (Gebäuden)
battery of tests Testreihe *f*
behavioral Verhaltens-
behavior, abient dem Reiz aus dem Weg gehendes Verhalten

behavior, affiliate *see* affiliate behavior
behavior, apopathetic *see* apopathetic behavior
behavior, appetitive Appetenzverhalten *n*
behavior, covert nach außen nicht erkennbares Verhalten
behavior criterion Verhaltensprüfstein *m*
behavior disorder Verhaltensstörung *f*
behavior, extrinsic organunabhängiges Verhalten
behavior, inborn Instinktverhalten *n*
behavior, ergic zielgerichtetes Verhalten
behavior, escape Fluchtverhalten *n*
behavior, exploratory ausforschendes Verhalten
behavior, extrinsic organunabhängiges Verhalten
behavior, imitative Nachahmungsverhalten *n*
behavior, intrinsic organgebundenes Verhalten

behaviorist Verhaltensforscher *m*

behavior, maladjusted unangepaßtes Verhalten

behavior, mediating Überbrückungsverhalten *n*

behavior, operant nicht nachweisbar reizbedingtes Verhalten

behavior, overt nach außen erkennbares Verhalten

behavior pattern Verhaltensmuster *n*

behavior, problem verwirrendes, irrationales oder antisoziales Verhalten

behavior, respondent reaktives Verhalten

behavior set Gesamtheit *f* des Verhaltens

behavior, social *see* social behavior

behavior, unlearned Instinktverhalten *n*

belongingness Zugehörigkeitsgefühl *n*

bibliokleptomaniac Bibliokleptomane *m,* Bücherdieb (aus Manie)

bibliomania Bibliomanie, krankhafte Bücherleidenschaft

bibliomaniac bibliomanisch, bü-

chernärrisch

binaural binaural, auf beide Ohren bezüglich

biogenetics Vererbungslehre *f*

biophilia Selbsterhaltungstrieb *m*

biopsychology Biopsychologie *f* (Psychologie vom biologischen Gesichtspunkt mit Betonung der Anpassungsfähigkeit des Organismus an die Forderungen der Umwelt)

bipolar bipolar, zweipolig

birth control Geburtenkontrolle *f*

birth mark Muttermal *n*

bisexuality Zwitterhaftigkeit *f;* Homosexualität *f*

blackout Verlust *m* des Bewußtseins; Gedächtnisverlust (des Alkoholikers für die Dauer der Trunkenheit)

blackout threshold Bewußtheitsverlustschwelle *f*

bladder control Beherrschung *f,* der Blase

blind spot blinder Fleck; *fig.* wunder Punkt *m*

block Blockierung *f,* Sperrung *f*

block, affect Affektsperre *f*

block design test Blockanord-

nungstest *m*
blocking Blockierung *f*
blocking of affekt Affektsperre *f*
blocking of thought gedankliche Blockierung
block situation test Würfeltest *m*
blue-blindness Violettblindheit *f*, Tritanopie *f*, Unfähigkeit *f*, Blau zu erkennen
body image Körpervorstellungsbild *n*
body language Körpersprache *f*
bowel control Darmbeherrschung *f*
brachy- Wortelement mit der Bedeutung: kurz
brachycephalic brachycephal, kurzköpfig
brady- Wortelement mit der Bedeutung: langsam
bradyarthia krankhafte Langsamkeit beim Sprechen
bradycardia Herzverlangsamung *f*
bradyglossia cf. bradyarthia
bradykinesia Langsamkeit *f*, der Bewegung
bradylalia krankhafte Lang-

samkeit der Artikulation
bradylexia krankhafte Langsamkeit im Lesen *f*
bradyphasia *see* bradyarthia
bradyphrenia Langsamkeit *f*, des Denkens
bradypragia Langsamkeit *f*, des Handelns
brain damage Gehirnverletzung *f*
brain fatigue Gehirnermüdung *f*
brain storm Anfall *m*, von Geistesstörung; Geistesblitz *m*
brainwash *vt* Gehirnwäsche vornehmen(an)
brainwashing Gehirnwäsche *f*; zwangsweise politische und weltanschauliche Umerziehung
brain wave Geistesblitz *m*
breakdown Zusammenbruch *m*
breakdown, nervous Nervenzusammenbruch *m*
broken home gestörte Familie
brontophobia Brontophobie *f*, Gewitterscheu *f*
bulimia krankhafter Heißhunger *m*

C

cachectic   heruntergekommen;
bleichsüchtig

cachexia   Kachexie *f* schlechter
körperlicher Zustand, He-
runtergekommensein *n*

cac(o)   Wortelement mit der Bedeutung: schlecht

cacogeusia   schlechte   Ge-
schmacksempfindung

cainophobia   Furcht *f* vor neu-
artigen oder unvertrauten Gegenständen, Dingen oder Menschen

cardiac psychoneurosis   neurotische Furcht vor Herzleiden,
für die keine physiologische
Ursache besteht

case history   Anamnese *f*, Kran-
kengeschichte *f*

case work   sociale Einzelarbeit

case worker   Sozialarbeiter *m*

castration anxiety   Kastrations-
angst *f*

castration complex   Kastrations-
komplex *m*

castrophrenia   bei Schizophre-
nen vorkommender Wahn,
daß Feinde sie ihrer Gedanken

berauben und/oder diese in
einer   feindseligen   Weise
beherrschen

catabolism   Katabolismus   *m*,
Zersetzungsvorgang *m*, Stoffwechsel *m*;

catalepsy   Katalepsie *f*, Starrheit *f*

catalexia   Lesestörung *f* (durch
Wiederholung des schon Gele-
senen)

cataplexy   Kataplexie *f*, Schreck-
lähmung *f*

cataptosis   Schlaganfall *m*

catatonia   Katatonie *f*, Span-
nungsirresein *n*

catatonic rage   unwiderstehlicher Drang zu zerstören
(Schizophrenie)

catathymia   Katathymie *f* (das
Vorhandensein eines Kom-
plexes im Unbewußten, das
eine deutliche Wirkung im
Bewußtsein hat)

catathymic amnesia   Gedächtnisschwund *m* beschränkt auf
bestimmte Ereignisse oder auf
eine kurze Zeit

catharsis seelische Entspannung

catharsis, activity *see* activity catharsis

cathect besetzen

cathectability Besetzbarkeit *f*

cathectic energy Besetzungenergie *f*

cathexis Besetzung *f*

cathexis, affective Affektivbesetzung *f*

cathexis by instinct Triebbesetzung *f*

cathexis, ego Ich-Besetzung *f*

cathexis of thought Denkbesetzung *f*

caumesthesia das Gefühl von Hitze, obwohl es nicht heiß ist

causalgia Kausalgie *f* (brennender neuralgischer Schmerz)

cenesthopathy das Gefühl physischer Erkrankung ohne Beziehung auf einen bestimmten Körperteil

central conflict Konflikt *m* zwischen dem realen und idealen Selbst

central nervous system Zentralnervensystem *n*

-cephalic Wortelement mit der Bedeutung: Kopf-, Schädel-

cerebration Gehirntätigkeit *f*, Denkprozeß *m*

change of life Wechsel *m* Klimakterium *n*

character neurosis Charakterneurose *f* (aus der Kindheit herrührend, charakterisiert durch Willensschwankungen)

character, oral Oralcharakter *m*

child-centered (family) (Familie) bei der das Kind im Mittelpunkt steht

child guidance Kinderberatung *f*

childhood neurosis Kinderneurose *f*

childhood psychosis infantile psychose

child psychology Kinderpsychologie *f*

choice of neurosis Neurosenwahl *f*

choleric cholerisch, jähzornig

chorea Chorea *f*, Veitstanz *m*

chromatopsia Farbsehen *n*

chromesthesia Farbsehen *n*

chthonophagia Geophagie *f*, Erde Essen

clasping reflex Umklammerungsreflex *m* (des Säuglings)

class consciousness Klassenbewußtsein *n*

claustrophobia Klaustrophobie *f* (krankhafte Furcht vor geschlossenen Räumen)

cleptomania Kleptomanie *f*, Stehlsucht *f*

climacterium *see* change of life

clonic klonisch

clonus Klonus *m*, rhythmischer Zuckkrampf

cluttering aufgeregtes, schnelles Sprechen mit ausgelassenen oder durcheinandergeworfenen Silben, Schnattern *n*

coenesthesia allgemeines Körpergefühl, Existenzgefühl *n*

collective consciousness Kollektivbewußtsein (Jung)

colored hearing Farbhören *n*

color sense Farbensinn *m*

color sensibility Farbempfindlichkeit *f*

combined parent figure vereinigtes Eltern-Imago

compensation neurosis Ersatzneurose *f*

complemental series Ergänzungsreihe *f* (Freud)

completion test Ergänzungstest *m* (in dem die Testperson fehlende Buchstaben, Worte oder ähnliches Material in einem

gedruckten Text einzusetzen hat)

complex indicator Komplexanzeichen *n* (Jung) (wie Erröten, Stammeln)

complex, inferiority Minderwertigkeitscomplex *m*

complex, Jocasta *see* Jocastakomplex *m*

complex, nuclear Kernkomplex *m*

compliance Nachgiebigkeit *f*, Willfährigkeit *f*

component instinct Partialtrieb *m*

comprehension test Verständnistest *m*

compulsion neurosis Zwangsneurose *f*

compulsion to repeat Wiederholungszwang *m*

compulsive personality Zwangsneurotiker *m*

concentration, power of Konzentrationsvermögen *n*

concussion psychosis Erschütterungspsychose *f*

condensation Verdichtung *f*

conditioned reflex bedingter Reflex

conditioned response bedingte Reaktion

conditioning stimulus konditionierender Reiz

confabulation Konfabulation *f* (unsystematisches, fälschendes Gedächtnis)

configuration, power of Gestaltungskraft *f*

conflict, root *see* root conflict

conforming konform, konformistisch

conformity Anpassungsbereitschaft *f*, Konformität *f*

conformity behavior konformes Verhalten *n*

consciousness Bewußtheit *f*; Bewußtsein *n*

consciousness field Bewußtseinsfeld *n*

consciousness, process of Bewußtseinsvorgang *m*

constancy principle Konstanzprinzip *n* (Freud)

constriction eingeschränkte Spontaneität

consultant, consulting psychologist beratender Psychologe

continence (geschlechtliche) Enthaltsamkeit

contractility Zusammenziehungsvermögen *f*

controlled analysis beaufsichtigte Analyse

convenience dream Bequemlichkeitstraum *m*

convergence theory Konvergenztheorie *f* (nach der psychologische Phänomene von der Wechselwirkung ererbter oder erworbener Charakterzüge und Umweltsbedingungen herrühren)

conversion reaction Hysterie *f* in der sich ein psychischer Konflikt in einer Sinnes-oder Bewegungsreaktion auswirkt (wie Blindheit oder Lähmung)

copro- Wortelement mit der Bedeutung: Schmutz, Exkrement

coprolagnia geschlechtliche Erregung beim Anblick oder Geruch von Exkrementen

coprolalia Koprolalie *f* (zwangshafte Verwendung obszöner Sprache)

coprophagy Koprophagie *f* (krankhafte Neigung, Exkremente zu essen)

coprophobia Koprophobie *f* (krankhafte Abscheu vor Exkrementen oder Schmutz)

counterconditioning Gegenbedingen *n*

counterego Gegenich *n*

countersuggestibility Negativismus *m*, Neigung *f* gegensätz-
lich zu einem Vorschlag zu
handeln
countertransference Gegenüber-
tragung *f*

cutaneous sense *see* dermal sense
cyclothymia Zyklothymie *f* (Neigung zu abwechselnden Perioden gehobener Stimmung und
tiefer Depression)

D

dactyology Fingersprache *f*

daltonismus Daltonismus *m*, Farbenblindheit *f*

damming up of libido Libidostauung *f*

dark adaptation Dunkelanpassung *f*

dark vision Dunkelsehen *n*

day blindness Tagesblindheit *f*

day dream ·Wachtraum *m* Träumerei *f*

daydreaming Tagträumerei *f*

daymare intensive Beklemmung

day's residues Tagesreste *m pl* (Traumtheorie)

deaf-and -dumb language Taubstummensprache *f*

death instinct Todestrieb *m*

defense hysteria Abwehrhysterie *f*

defense mechanism Abwehrmechanismus *m* (eines Organismus); Abwehrmaßnahme *f* (des Körpers)

defense neuropsychosis Abwehrneuropsychose *f*

defense reflex Abwehrreflex *m*

defensiveness Abwehrhaltung *f*; gesteigerte Empfindlichkeit gegenüber Kritik

deferred nachträglich (Freud)

defusion of instincts Triebentmischung *f*

dejectedness, dejection Niedergeschlagenheit *f*

delirium tremens Delirium *n* tremens (akute Alkoholisierung mit Zittern, Angstgefühlen und Wahnvorstellungen)

delusion Wahn *f*; Selbsttäuschung *f*

delusion, expansive Größenwahn *m*

delusion of grandeur Größenwahn *m*

delusion of persecution Verfolgungswahn *m*

delusion of reference Beziehungswahn *m* (daß das Verhalten anderer einen nachteilig beeinfluße)

delusional wahnhaft

delusional idea Wahnvorstellung *f*

dementia praecox Dementia *f* praecox *see* schizophrenia

demonomania Dämonenwahn (unter dem Einfluß von Dämonen stehen)

demophobia Furcht *f* vor Massenansammlungen

dependence, oral Oralabhängigkeit *f*

depersonalization Entpersönlichung *f*, krankhafter Zustand, in dem das Individuum das Gefühl hat, daß es oder sein Körper unwirklich ist; das Gefühl, nur ein Zahn in einer ungeheuren Maschine zu sein

depression Depression *f*, Niedergeschlagenheit *f*

depressive anxiety Depressionsangst *f*

depressive position depressive Einstellung

depressive reaction reaktive Depression

deprivation Entzug *m*

depth analysis Tiefenanalyse *f* (des Unbewußten)

depth perception Bathypsychologie *f*, Tiefenwahrnehmung *f*

depth psychology Tiefenpsychologie *f*

depth sensibility Tiefensensibilität *f*

derangement Geisteszerrüttung *f*

dereism autistisches Denken, das die Realität ignoriert

derivative instinct Instinktabkömmling *m*

derivative of the unconscious Abkömmling *m* des Unbewußten (Freud)

desensitization Desensitierung *f*, verminderte Empfindlichkeit; Unempfindlichkeit *f*

desexualization Desexualisierung *f* (Beseitigung sexueller Bedeutung von einem Gegenstand oder einer Tätigkeit)

destructive instinct Destruktionstrieb *m*

detachment Losgelöstsein *n*, innere Freiheit

detachment of libido Libidoablösung *f*

detachment, somnolent *see* somnolent detachment

determinant, dream *see* dream determinant

detour problem Umwegproblem *n* (das nur auf einem Umweg gelöst werden kann)

developmental Entwicklungs-

development level (*or* **stage**) Entwicklungsstufe *f*

deviate von der Norm abweichendes Individuum; sexuell Abweichender

deviation, sexual Sexualabweichung *f*

dexterity test Geschicklichkeitstest *m*

diathesis Diathese *f*, (ererbte Disposition für eine bestimmte Krankheit)

dichromatism, dichromatopsia teilweise Farbenblindheit

difference threshold Unterschiedsschwelle *f*

differential Differential-. unterscheidend

differentiation Differenzierung *f*, Unterscheidung *f*

diotic in Bezug auf Reize auf beide Ohren

diplacusis Diplakusis *f* (Gehörstörung, bei der ein Ton in verschiedener Tonhöhe in je einem Ohr gehört wird)

diplegia Littlesche Krankheit, beidseitige Paralyse

diplopia Doppelbildsehen *f*

dipsomania Dipsomanie *f*, periodisch auftretende Trunksucht

disarranged-sentence test Wortsalattest *m* (Neuordnung von

durcheinandergeworfenen Satzteilen

disassociation of the ego Ich-Spaltung *f*

dissociation of personality Spaltung *f* der Persönlichkeit

discharge of stimulus Reizentladung *f*, Reizabfuhr *f*

discrimination learning Unterscheidungslernen (wobei es die Aufgabe ist, zwischen Alternativen zu entscheiden)

discrimination training Unterscheidungstraining *n*

disinhibition Enthemmung *f*

disorder, speech Sprechstörung *f*

disorientation Desorientiertheit *f*, Verwirrtsein *n*

disparity Disparität *f*, Ungleichheit *f*; Unvereinbarkeit *f*

displacement, affect Affektverschiebung *f*

displacement, drive Reizverlagerung *f*

displacement of affect Affektverschiebung *f*

disposition rigidity dispositionelle Rigidität

dissimulation Dissimulation *f*, Verstellung *f*, Heuchelei *f*; Verheimlichung *f*; Anpassung an ein Objekt (Jung)

disturbance of consciousness Bewußtseinsstörung *f*

dotting test Punktiertest *m*

dream as wish fulfillment Wunscherfüllung im Traum

dream determinant Traumdeterminante *f* (der Hauptfaktor, der Inhalt und charakteristische Eigenart des Traumes bestimmt)

dream displacement Traumverschiebung *f*

dream distortion Traumentstellung *f*

dream ego Traum-Ich *n*

dream, hypnagogic Einschlaftraum *m*

dream interpretation Traumdeutung *f*

dream screen Traumhintergrund *m*

dream symbolism Traumsymbolik *f*

dream wish Wunschtraum

dream work Traumarbeit *f* (Verarbeitung unbewußter oder unterdrückter Wünsche in eine solche Form, daß sie sich bei Bewußtsein ausdrücken lassen)

drive arousal Antriebserregung *f*

drive discrimination Triebunterscheidung *f*

drive displacement Reizverlagerung *f*

drive, exploratory Forschungstrieb *m*

drive level Antriebsniveau *n*

drive, partial Partialtrieb *m*

drive-reduction theory Triebreduktiontheorie *f*

drive, secondary erworbener Trieb

drive, self-assertive Selbstbehauptungstrieb *m*

drive stimulus Triebreiz *m*

dromomania Dromomanie *f*, abnormaler Drang zu reisen

drug addict Süchtiger *m*, Rauschgiftsüchtiger *m*

drug addiction Süchtigkeit *f*

dys- Wortelement mit der Bedeutung: schwierig; mangelhaft; abnorm

dysacousia Lärmempfindlichkeit *f*; Empfindlichkeit gegen bestimmte Töne

dysarthria Dysarthrie *f* unartikuliertes Sprechen

dysbasia Gehstörung *f*

dysbulia Unentschlossenheit *f*

dysesthesia Dysesthesie *f*, geminderte Schmerzempfindlichkeit

dysfunction Funktionsstörung *f*

dysgeusia Geschmacksverirrung *f*

dyskinesis Störung *f* der will-
kürlichen Muskelbewegungen

dyslalia funktionelles Stammeln

dyslexia Dyslexie *f*, Lesestörung
f

dyslogia unzusammenhängendes
Reden

dysmesia Gedächtnisschwäche
f

dysorexia gestörter oder un-
natürlicher Appetit

dyspareunia Unfähigkeit, den
Geschlechtsverkehr zu ge-
nießen; schmerzhafter Ge-
schlechtsverkehr *m*

dyspepsia Dyspepsie, Verdau-
ungsstörung *f*

dysphasia Dysphasie *f* (Sprachstörung aus zentraler Ursache)

dysphoria Dysphorie *f*, nervöse
Unruhe

dyspn(o)ea Dyspnoe *f*, Atemnot
f, Kurzatmigkeit *f*

dyspraxia Dyspraxie *f*, Schwierigkeit *f* der Bewegungskoordina-
tion

dyssosmia gestörter oder un-
natürlicher Appetit

dysthymia Dystymie *f*, Niedergeschlagenheit *f*

dystonia Dystonie *f*, Muskel-
koordinationsstörung *f*

E

ecdemomania krankhafter Drang zu reisen oder sich herumzutreiben

ecdo- Wortelement mit der Bedeutung: das Außen betreffend, außenliegend

echo speech Echosprache *f* (des Kleinkindes)

echolalia Echolalie *f*, Nachplappern *n*

echolocation Echoortung *f* Widerhallpeilung *f*

echopathy Echopathie *f* (pathologisches Nachplappern oder Nachahmung von Bewegungen anderer)

echophrasia *see* echolalia

echopraxia *see* echopathy

echothymia Echothymie *f* (affektive Beeinflussung durch die Emotionen anderer (Massenhysterie)

eclampsia Eklampsie *f*, Schwangerkeitskrämpfe *f/pl*

ecomania pathologische Haltung gegenüber den Mitgliedern der eigenen Familie (Reizbarkeit, herrisches Wesen)

ecphorize eine Gedächtnisspur wieder auffrischen

ecphory das Wiederaufleben einer Gedächtnisspur

ecstasy Ekstase *f*, Außersichsein *n*

ECT (electro-convulsive therapy) Electro-Schocktherapie *f*

ectomorphic ektomorph, von schmalem Körperbau

-ectomy Wortelement mit der Bedeutung: Exzision *f*. Ausschneidung *f*

ectype Typus *m* dessen physische und seelische Art vom Normalen abweicht

effect, halo die Wirkung des Nimbus, den ein bestimmter Charakterzug eines Menschen in der Bewertung eines anderen Charakterzugs auf einen ausübt

effeminate Weichling *m*, Muttersöhnchen *n*

effemination Effemination *f*, weibisches Gebaren

efferent wegführend, nach aussen führend

efferent nerves motorische Nerven (vom Zentralnervensystem wegführend)

egersis intensives Wachsein

ego-alien ichfremd

ego anxiety Ich-Angst *f*

ego cathexis Ich-Besetzung *f*

egocentricity Egozentrik *f,* krankhafte Selbstsucht

egodystonic ichgerecht

egodystonic behavior Verhaltensweise, die mit der Denkungsweise und den Idealen des Selbst unvereinbar ist

ego, hedonic Lust-Ich *n*

ego-ideal Ichideal *n*

ego inflation Ichaufbauschung *f*

ego instincts Ichtriebe *m pl*

ego involvement (with) Identifizierung *f* (mit)

egoize *see* egotize

ego libido/object libido Ichlibido/Objektlibido *f*

egomania krankhafte Selbstsucht

egomorphism Tendenz, in die Handlungen anderer hineinzulesen, was man in ihnen vorzufinden wünscht

ego-object polarity das Beibehalten eines klaren Unterschieds zwischen Selbst und Nichtselbst

egopathy feindseliges Verhalten beruhend auf übertriebener Bewertung der eigenen Bedeutung

ego regression Rückkehr zu einem primitiveren Es-beherrschten Niveau der Ich-Entwicklung

ego resistance Tendenz des Ich, dem Erkennen verdrängter Impulse während der Analyse zu widerstehen

ego-syntonic auf das Ich abgestimmt, ichgerecht

egotheism Selbstvergötterung *f*

egotize ein exzessives Interesse an sich selbst nehmen

egotropy Narzissismus *m*

eidetic eidetisch, anschaulich

eisotrophobia Furcht *f* sein eigenes Spiegelbild zu sehen

ejaculation (praecox, retardata) Samenerguß *m* (vorzeitiger, verzögerter)

elaboration of dreams Traumbearbeitung *f*

Electra complex Elektrakomplex *m* (weiblicher Ödipuskomplex)

electroshock Elektroschock *m*

electrotherapeutic elektrotherapeutisch

electrotherapeutist, electrotherapist Elektropeut *m*

electrotonus Elektrotonus *m* (Zustand eines Nervs, durch den elektrischer Strom fließt)

elementalism, elementarism Elementarismus *m*, (Lehre nach der geistige Vorgänge oder ein Verhalten in deren Teile analysierbar sind; (abschätzig) daß man in übertriebener Einschätzung der Teile das Ganze aus dem Gesichtskreis verliert)

elusion (Laing) Ausweichen *n*, (Vorgang, in dem man der Konfrontation mit sich selbst oder andern ausweicht, in dem man die Rolle seiner selbst spielt)

embarrassment Verwirrung *f*; Bestürztheit *f*; Befangenheit *f*

emergency reaction Notfallsreaktion *f*

emetomania krankhaftes Verlangen zu erbrechen

emmetropia Emmetropie *f*, Normalsichtigkeit *f*

emmetropic emmetrop, normalsichtig

emotional emotionell, affektiv, gefühlsbetont

emotional control Beherrschung *f* der eigenen Emotionen

emotional disorder emotionelle Störung

emotional pattern emotionelle Verhaltensstruktur

emotional release Affektauslösung *f*

emotiveness, emotivity *see* emotionality

empathic einfühlend, Einfühlungs-

empathize Einfühlung haben (mit)

empathy Einfühlungsvermögen *n*; Einfühlung *f*

empirical empirisch, auf Erfahrung beruhend, Erfahrungs-

empiricism Empirie *f*, Erfahrungsmethode *f*

employment interview Einstellungsgespräch *n*

empresiomania *see* pyromania

enantiodromia die Lehre, daß alles schließlich in sein Gegenteil übergeht (Jung)

enantiopathic *see* allopathic

encephalopsychosis auf Gehirnverletzung beruhende Neurose

encopresis unkontrollierbare

Beschmutzung mit eigenem Kot

enculturation *see* acculturation

encystment of the self Verkapselung *f* des Selbst (als Schutzmaßnahme in ausweglosen Situationen)

endo- Wortelement mit der Bedeutung: das Innere betreffend, nach innen liegend

endocathection übergroße Inanspruchnahme mit eigenen Gedanken und Abwendung von andern Interessen und von praktischer Tätigkeit

endogenous endogen, im Innern seinen Ursprung habend; ererbt, hereditär

endomorph endomorph, den Körperbau betreffend

endopathy *see* empathy

endophasia Endophasie *f* (stilles oder inneres Reden)

endopsychic intrapsychisch

endotym endothym, auf die Grundstruktur der Affekte bezüglich

enervate enervieren, entnerven; schwächen

enervation Enervierung *f*, Entnervung *f*, Schwächung *f*; Schwäche *f*

engram Engramm *n*, dauernde Erinnerung

entelechy Entelechie *f* zielgerichtetes Entwicklungsvermögen; Eigengesetzlichkeit *f*, Selbstrealisierbarkeit *f*

entomophobia Furcht *f* vor Insekten

entropy Entropie *f* (Grad der Unübertragbarkeit psychischer Energie)

enuresis Bettnässen *n*

eonism *see* transvestism

eosophia Furcht *f* vor der Dämmerung

enviromentalism Gesichtspunkt, der den Umwelteinfluß betont

epi- Wortelement mit der Bedeutung: auf, an, bei, daran, dazu, danach

epicritic epikritisch (empfindlich gegen Druck oder selbst milde Temperaturen)

epicritic sensitivity Empfindlichkeit *f* gegen Hautreize

epigastric sensation Schwächeempfindung *f* in der Magengrube

epilectic *s* Epileptiker *m*

epileptic *a* epileptisch, fallsüchtig

epileptoid epileptoid, epilepsieartig

epinosic in Bezug auf einen indirekten, durch Krankheit erworbenen Vorteil

epiphenomenal begleitend, sekundär

epiphenomenalism Automatismus *m*, (Lehre von der rein physiologischen Ursache jeglichen Verhaltens)

epiphenomenon Begleiterscheinung *f*

epistemophilia Genuß *m* in der Befriedigung des Wissensdurstes

equal-and-unequal-cases methods verschiedene Methoden *f pl*, bei denen Paare von Reizen dahin beurteilt werden, ob sie gleich oder ungleich sind

equal-appearing-intervals method Methode *f* der gleich lang erscheinenden Pausen

equalization of excitation Ausgleichung *f* der Reizung

equal-loudness level Lautstärkeniveau *n*

equal-pitch contour Linie *f* gleicher Tonhöhe

equation method Herstellungsmethode *f* (psychisch-physische Methode des durch-

schnittlichen Irrtums)

equifinality die gleichwertige Wirksamkeit von zwei Verhaltensweisen in Erreichung eines Ziels

equivalent, anxiety see anxiety equivalent

eremophilia krankhaftes Verlangen, allein zu sein

erethic erethistisch, krankhaft reizbar

erethism exzessive Empfindlichkeit oder Reizbarkeit; Reizzustand *m*

ergasia Ergasie *f* (Totalität der psychophysischen Funktionen)

ergasiophobia Furcht *f* zu handeln, da sonst Schreckliches passieren würde

ergig ergisch, zielgerichtet

ergig behavior zielgerichtetes Verhalten

ergomania Ergomanie *f*, krankhafte Arbeitswut *f*

ergophobia krankhafte Arbeitsscheu

erogenicity, erotogenicity erotische Erregbarkeit

erogenous zone erogene Zone

eros impulse Geschlechtstrieb *m*

eroticism, erotism Erotik *f*,

geschlechtliche Erregung; erhöhte Bereitschaft zu ge-
schlechtlicher Erregung:

erotization Erotisierung *f*

erotogenic erogen

erotogenicity Erogeneität *f*

erotographomania krankhafter
Drang, Liebesbriefe zu schreiben

erotolalia obszönes Reden, besonders während des Ge-
schlechtsakts

erotomania Erotomanie *f*; ab-
normes erotisches Interesse

erotomaniac Erotomane *m*

erotopath sexuell anomal Ver-
anlagter *m*

erotopathy widernatürlich geschlechtliche Veranlagung

error of expectation Erwar-
tungsfehler *m*

error of sampling Stichprobenfehler *m*

error variance Fehlervarianz *f*
Fehlerunterschied *m*

eructation Aufstoßen *n*, Rülp-
sen *n*

erythrophobia Furcht *f* zu erröten

escape behavior Fluchtverhalten
n

escape mechanism Ausflucht-

mechanismus *m*

escape training Fluchttraining *n*

escapism Eskapismus *m*, Wirklichkeitsflucht, Abkehr von der
Wirklichkeit

escapist Mensch, der von der
Wirklichkeit zu fliehen sucht

eso Wortelement mit der Bedeutung: innen, nach innen

esophoria *see* heterophoria

esotropia Strabismus *m*

ESP (abbreviation of Extrasensory Perception) außersinnliche Wahrnehmung

estromania *see* nymphomania

ethnopsychology Völkerpsycho-
logie *f*

ethology das Studium des Verhaltens von Tieren unter natür-
lichen Bedingungen

etiology Ätiologie *f*, Ursachen-
lehre *f*

euergasia normales geistiges
Funktionieren

eumorphic normal gewachsen

euphoria Euphorie *f* (patholo-
gischer Zustand äußersten
Wohlbefindens, oft bei
Schwerkranken)

eurotophobia Furcht *f* vor dem
weiblichen Geschlechtsorgan

eury- Wortelement mit der

Bedeutung: breit

eurymorph eurymorph, von kurzem, breitem Körperbau

euthymia ruhige und zufriedene Stimmung oder Disposition

eviration Eviration *f*, Entmannung *f* (auch in übertragener Bedeutung)

exaltation Exaltation *f*, leidenschaftliche Erregung

exaltation state Erregungszustand *m*

exaltation therapy Erregungstherapie *f*, Reiztherapie *f*

excitability Exzitabilität *f*, Erregbarkeit *f*

excitability, reflex Reflexerregbarkeit *f*

excitation gradient Erregungstufe *f*

excitant Reizmittel *n*

excitation tendency Erregungstendenz *f*

excitatory agent Reiz *m*

excitement Erregung *f*; Reiz *m*; Reizmittel *n*

exclusion of reality Realitätsabsperrung *f*

exclusivism sich abschließendes Wesen *n*

exhaustion delirium Erschöpfungsdelirium *n*

exhibitionism Exhibitionismus *m*

exhibitionist Exhibitionist *m*

existential analysis Daseinsanalyse *f* (Psychotherapie, die darauf abzielt, im Menschen das Gefühl der Freiheit und der Verantwortlichkeit für seine Handlungen zu entwickeln)

existential psychology Daseinspsychologie *f* (eine Richtung der Psychologie, die postuliert, daß der Mensch in einer chaotisch-absurden Welt seine Freiheit der Wahl geltend zu machen hat)

existential psychotherapy *see* existential analysis

exogenous exogen, außen erzeugt oder entstehend

exopsychic exopsychisch

expansive delusion Größenwahn *m*

expansiveness Mitteilsamkeit *f*; Überschwenglichkeit *f*; Größenwahn *m*

expectation neurosis Erwartungsneurose *f*

experience of satisfaction Befriedigungserlebnis *n*

experimental experimentell, Versuchs-

experimental group Versuchsgruppe *f*

experimental method Versuchsmethode *f*

experimentalist Experimentator *m*

exploratory behavior ausforschendes Verhalten

exposition attitude Tendenz *f* zu erklären, zu belehren

expressive therapy Therapie in der der Patient ermutigt wird, seinen Gefühlen freien Ausdruck zu geben

extensor thrust Streckmuskelreflex *m*

exteriorization Objektivierung *f*

external inhibition externe Hemmung (Verringerung in der Stärke des bedingten Reflexes durch Einwirkung eines zusätzlichen Reflexes)

external sense Empfangssystem wie das Auge oder Ohr die durch äußere Reize erregt werden

externalization Objektivierung *f*

externalize als objektiv wahrnehmen, nach außen projizieren

exteroreceptor Fremdreflex *m*

extinction Auslöschung *f* (allmähliche Verringerung der Stärke des bedingten Reflexes bei Wegnahme der Verstärkung)

extraception (Murray) skeptische Haltung, die sich nur an Fakten hält

extrajection Projektion *f* der eigenen Charaktereigenschaften auf einen andern

extrasensory perception außersinnliche Wahrnehmung

extratensiveness *see* extroversion

extraversion *see* extroversion

extravert *see* extrovert

extrinsic außerhalb liegend; künstlich hervorgerufen

extroversion Extraversion *f*, nach außen gerichtetes Interesse

extrovert *a* extravertiert

extrovert *s* Extravertierte(r) *f/m*

eyelid closure reflex Lidschlußreflex *m*

eyelid reflex Blinzelreflex *m*

F

fable test Märchentest *f*, (Test den Sinn eines Märchens zu deuten)

face-to-face group Vis-a-vis Gruppe *f*

face value scheinbarer Wert: don't take his words at *f.* nimm seine Worte nicht für bare Münze

facial spasm Gesichtskrampf *m*

facilitation of transmission Bahnung *f* der Übertragung

facilitation, reflex Reflexbahnung *f*

facilitation, social *see* social facilitation

factor Faktor *m*, mitwirkender Umstand

factor analysis Faktorenanalyse *f*

factor figuration Faktorenanordnung *f*

factor invariance der Grad der Unveränderlichkeit der Faktoren bei Einführung neuer Teste

factorize in Faktoren zerlegen; eine Faktorenanalyse durchführen

factor loading Faktorenladung *f*

faculty of imagination Vorstellungsvermögen *n*

faculty psychology Vermögenspsychologie *f*

failure motivation mißerfolgbedingte Begründung

failure neurosis Mißerfolgsneurose *f*

faith healing Gesundbeten *n*

fallacia Illusion *f*; Hallucination *f*

fall reflex Fallreflex *m*

familianism Tendenz enge Familienbande beizubehalten

family romance Familienroman (Freud) (Kindheitsphantasien, in denen z.B. das Kind seine Eltern verwirft und sich einbildet, ein Findelkind und in Wirklichkeit das Kind noblerer Eltern zu sein oder daß es das Leben einer bedeutenden Person, die nichts anderes ist als ein Vertreter eines Elternteils, gerettet hat, indem es

auf diese Weise seine Dankes-
schuld abstattet, um so seine
Loslösung von den Eltern
leichter zu machen.)

fantasm Phantom *n*, Trugbild *n*

fate neurosis Schicksalsneurose
f

father figure Vaterfigur *f*

father fixation Vaterfixierung
f, Vaterbindung *f*

faxen-psychosis *see* buffonery

feedback Rückfütterung *f*,
Rückmeldung *f*

feedback system Rückmeldesystem *n*

feeling, guilty Schuldgefühl *n*

feeling of inadequacy Unzuläng-
lichkeitsgefühl *n*

feeling of omnipotence All-
machtsgefühl *n*

feeling of security Geborgen-
heitsgefühl *n*

feeling type emotioneller Typus

feeling of unreality Unwirklich-
keitsgefühl *n*

field Feld *n* (psychische Vorstellung einer physischen Situation; Gesamtheit *f* der
sozialen, persönlichen und
physischen Faktoren, innerhalb deren das Individuum
funktioniert)

field of consciousness Bewußt-
heitsfeld *n*

field emphasis Feldbetonung *f*

field, perceptual Wahrnehmungs-
feld *n*

field research Felduntersuchung
f

field, visual Gesichtsfeld *n*

figural aftereffect figürliche
Nachwirkung *f*

finalism Finalismus *m* (Theorie,
daß Verhalten zielgerichtet ist)

finger painting Fingermalerei *f*

fixation Fixierung *f*, starke emotionelle Bindung

fixation point Fixierungspunkt
m

fixed idea fixe Idee

fixed-interval reinforcement gleiche Zeitspannenverstärkung

fixed-interval schedule gleiche
Zeitspannenfolge

fixedness Starrheit, mangelnde
Anpassungsfähigkeit *f*

flaggelomania geschlechtliche
Erregung durch Geißelung

flattening of affect Affektver-
flachung *f*

flight from reality Realitäts-
flucht *f*, Wirklichkeitsflucht *f*

flight into illness Flucht *f* in
die Krankheit

flight of ideas Ideenflucht *f*
focus of attention Aufmerksamkeitsfokus *m*
folk psychology Volkpsychologie *f*
follow-up study Nachuntersuchung *f*
footedness Dominanz *f* einer der beiden Füße
forepleasure Vorvergnügen *n*
forgetting curve Vergessenskurve *f*
form psychology Gestaltpsychologie *f*
formation, personality Persönlichkeitsstruktur *f*
formation, reaction *see* reaction formation
formication Ameisenlaufen *n* Kribbelgefühl *n*
frame of reference Bezugssystem *n*, Gesichtspunkt *m*
free-floating anxiety freiflottierende Angst
Freudian slip Freudsches sich Versprechen *n*
frigidity Frigidität *f*, Geschlechtskälte *f*
fringe of consciousness Bewußtseinsrand *m*
frotteur Frotteur *m* (einer der Orgasmus erreicht durch Rei-

ben gegen die Kleider einer Person des andern Geschlechts)
frustration Versagung *f*, Frustrierung *f*
frustration tolerance Frustrationstoleranz *f* (die Grenze bis zu der Frustration ohne psychischen Schaden ertragen wird)
fugue Fugue *f* (zeitlich begrenzter Gedächtnisschwund ohne nachträgliche Erinnerung)
function *v* funktionieren: pleasure in functioning Funktionslust *f*
function *s* Funktion *f*, Tätigkeit *f*, Wirken *n*: nervous functions Nerventätigkeit *f*
functionalism Zweckhaftigkeit *f*; Funktionalismus *m* (betont den Gesichtspunkt, daß Denkvorgänge der wesentliche Gegenstand der Psychologie sind und daß sie zu untersuchen sind in ihrer Nützlichkeit bei der Anpassung des Organismus an die Umwelt)
functional psychology *see* functionalism
functional spasm Überanstrengungskrampf *m*
function types Funktionstypen

fundamental rule

m pl (Jung)

fundamental rule Grundregel *f*
(nach der die in Analyse be-
findliche Person alle Gedanken
und Gefühle, auch die ihr
unangenehmen mitzuteilen
hat)

fusion of stimuli

fusion of instincts Triebmi-
schung *f*

fusion of stimuli Reizverschmel-
zung *f*

G

gain from illness Krankheitsgewinn *m*

gammacism Gammazismus *m*
(Schwierigkeit des Kleinkindes,
den Buchstaben G auszuspre-
chen)

Ganser's syndrome Gansersches
Syndrom (absurde, nicht zur
Sache gehörige Antworten
eines Hysterikers)

gargalanesthesia Unempfindlichkeit *f* gegenüber Kitzeln

gargalhyperesthesia Überempfindlichkeit *f* gegenüber Kitzeln

gatophilia excessive Hinneigung
zu Katzen

gatophobia Furcht vor Katzen

gelasm krampfhaftes Lachen
(von Hysterikern)

generation of anxiety Angstent-
wicklung *f*

genital stage genitale Stufe

gestalt Gestalt *f*; Konfiguration
f (ein zusammengefaßtes Ganzes, das größer ist als die
Summe seiner Teile)

gestalt psychology Gestaltpsychologie *f* (basiert auf der
Position, daß das Zusammenfassen von Verhaltensweisen
und Erfahrung die Grundlage
zweckmäßigen Studiums der
Psychologie ist)

gestalt quality Gestaltqualität *f*
(des einheitlichen Charakters
eines Ganzen, wie dies abhängt
von der strukturellen Anordnung seiner Teile)

gestalt, sign Zeichengestalt *f*

gestalt therapy *see* psychotherapy, gestalt

glossolalia Reden in einer er-
dichteten Sprache, wie es in
religiöser Ekstase oder hypnotischer Trance vorkommt

glossosynthesis Erdichten von
unsinnigen Wörtern

**goal directedness, goal orienta-
tion** Zielgerichtetheit *f*

goal gradient Zielgradient *m*,
Zielsteigerung *f*

goal response zielgerichtetes Verhalten *n*

good-figure theory Theorie *f* der
guten Gestalt

goodness of fit Güte *f* der Anpassung

gradient, approach *see* approach gradient

graphomania Schreibwut *f*

gratification, process of Befriedigungsablauf *m*

gregarious instinct Herdentrieb *m*

group behavior Gruppenverhalten *n*

group consciousness Gruppenbewußtsein *n*

group dynamics Gruppendynamik *f*

growth curve Wachstumskurve *f*

growth spurt Wachstumsschub *m*

guidance councellor Berufsberater *m*

guidance, vocational Berufsberatung *f*

guilt feeling Schuldgefühl *n*

gustation Geschmackssinn *m*

gynandria, gynandry Gynandrie *f*, Gynandrismus *m*

gynandrian, gynandrous gynandrisch

gynephobia krankhafte Weiberscheu

H

habit interference Widerstreit unvereinbarer Gewohnheiten

habituation Gewöhnung *f*

habromania wahnhafte Heiterkeit

hallucination, auditory Gehörshalluzination *f*

hallucinogen Halluzinationen erzeugendes Mittel

hallucinosis Halluzinose *f* (neurotische Störung in der der Patient Halluzinationen hat)

halo effect *see* effect, halo

handedness Vorliebe, die rechte oder die linke Hand zu benützen

haphalgesia Schmerzempfindung, wenn die Haut einem gewöhnlich nicht irritierenden Reiz ausgesetzt ist

haptic hautreizempfindlich

haptics Tastempfindungslehre *f*

haptodysphoria Haptodysphorie *f* (Unbehagen an der Haut)

haptophobia Haptophobie *f*, Berührungsangst *f*

haptophonia das Hören von Geräuschen oder Stimmen als Reaktion auf einen Berührungsreiz

hearing, binaural binaurales Hören (auf beiden Ohren)

hearing loss Gehörverlust *m*

hearing, monaural monaurales (einohriges) Hören

hearing-mute hörstumm

hearing-muteness Hörstummheit *f*

hearing range Hörbereich *m*

hebephrenia Hebephrenie *f*, Jugendirresein *n*

hebephrenic hebephrenisch

hebetic Pubertäts-

hebetude Abgestumpftsein *n*

hemeralop(s)ia Hemeralopie *f* Tagsichtigkeit *f*, Nachtblindheit *f*

hemeraphonia Stimmlosigkeit *f* während des Tages (gewöhnlich ein Hysteriesymptom)

hemi- Wortelement mit der Bedeutung: halb

hemialgia Hemialgie *f*, Einseitenschmerz *m*

hemianop(s)ia Hemianopie *f*, Halbsichtigkeit *f*

hemiplegia Hemiplegie *f*, Lähmung einer Seite

hemophobia, hematophobia Hämophobie *f*, Furcht *f* vor Blut

herd instinct Herdeninstinkt *m*

hermaphrodite Hermaphrodit *m* Zwitter *m*

hermaphroditic zwitterhaft, hermaphroditisch

hermaphroditism Hermaphroditismus *m*, Zwittrigkeit *f*

hetero- Wortelement mit der Bedeutung: anders, verschieden

heterogenous von fremdem Ursprung, nicht im Körper entstanden

heterolalia das Sprechen von sinnlosen oder unpassenden Wörtern an Stelle der beabsichtigten

heterophasia *see* heterolalia

heterosexual heterosexuell, von verschiedenem Geschlecht

heterotropia Strabismus *m*, Schielen *n*

heuristic heuristisch, zu neuen Erkenntnissen führend; zum eigenen Forschen anleitend

high-tone deafness Diskantschwerhörigkeit *f*

homeo- Wortelement mit der Bedeutung: gleichartig

homeopathy Homeopathie *f* (Behandlung eines Leidens durch dasselbe)

homing instinct Heimkehrinstinkt *m*

homoerotic homosexuell

hormic zielstrebig

hospitalism Hospitalismus *m* (körperliche oder psychische Störungen bei Säuglingen, die durch längere Zeit von der Mutter völlig getrennt im Spital oder in einer spitalähnlichen Situation behalten wurden)

hypacousia, hypacousis Hyperakusie *f*, Schwerhörigkeit *f*

hypalgia Hypalgesie *f* geminderte Schmerzempfindlichkeit

hyper- Wortelement mit der Bedeutung: übermäßig, größer als normal

hyperalgesia Schmerzüberempfindlichkeit *f*

hyperemotility übermäßige Reizbarkeit

hyperergesia übermäßiger Arbeitsdrang

hyperesthesia Hyperästhesie *f*. Überempfindlichkeit *f*

hyperexcitability Übererregbarkeit *f*

hyperkine(sthe)sia Hyperkinese *f*, übermäßiger Bewegungsdrang, Ruhelosigkeit *f*

hyperorexia abnormale Eßlust

hyperosmia abnormale Geruchsempfindlichkeit

hyperprosexia zwanghaftes Verlangen nach Reizen

hypersensitiveness, hypersentivity Überempfindlichkeit *f*

hypersomnia unkontrollierbare Schläfrigkeit

hypertension Hypertension *f*, Bluthochdruck *m*

hypertonia, hypertonicity Hypertonie *f*, übermäßige Spannung, Tonizität *f*

hypn-, hypno- Wortelement mit der Bedeutung: Schlaf; Hypnose

hypnagogic period Zeit *f* vor dem Einschlafen

hypnoanalysis Hypnoanalyse *f* (psychoanalytische Behandlung durch Hypnose)

hypnoanesthesia hypnotischer Schlaf

hypnogenetic schlaferzeugend; Hypnose bewirkend

hypnoid hypnoseähnlich, hypnoidal

hypnoid state hypnoider Zustand

hypnology Hypnologie *f* (Lehre vom [hypnotischen] Schlaf)

hypnopompic period Zeit vor dem Erwachen

hypnotic hypnotisch, schlaferzeugend; hypnotisierbar; hypnotisiert

hypnosis Hypnose *f*, schlafähnlicher Zustand

hypo- Wortelement mit der Bedeutung: geringer, abnorm, gering, Unter-

hypobulia Entschlußunfähigkeit *f*

hypochondriac *s* Hypochonder *m*

hypochondriac *a* hypochondrisch

hypochondria Hypochondrie *f*, eingebildetes Kranksein

hypoesthesia Unterempfindlichkeit *f*

hypokinesis unternormale Beweglichkeit

hypomania Hypomanie, leichte Manie *f*

hypophrasia neurotisch verminderte Sprechfähigkeit

hypophrenia Hypophrenie *f*, Geistesschwäche *f*

hypophrenic hypophrenisch, geistesschwach

hypoprosexia Unfähigkeit *f* anhaltender Aufmerksamkeit

hyposomnia Schlaflosigkeit *f*; Schlafen *n* für nur kurze Perioden

hypothymia Depression *f*

hysteria Hysterie *f*

hysteric hysterisch

I

iatro- Wortelement mit der Bedeutung: ärztlich

iatrogenic vom Arzt verursacht

iconomania pathologisches Verehren und Sammeln von Heiligenbildern

id Es *n* (das Unbewußte, der Sitz aller animalistischen Triebe, die Befriedigung verlangen)

idea Idee *f*; Vorstellung *f*

idea, delusional Wahnidee *f*

idea, obsessive Zwangsvorstellung *f*

ideal ego Idealich *n*

idealization Idealisierung *f*, Überschätzung *f*

ideas of reference Beziehungsideen *f/pl* (schizophrenisches Beimessen besonderer Bedeutung an bedeutungslose Vorfälle, die der Patient auf sich bezogen glaubt)

ideation Vorstellungsfähigkeit *f*

ideational, ideative Vorstellungs-, Ideenbildungs-

ideational representative Vorstellungsrepresentant *m*

identify oneself with sich identifizieren mit

identity crisis Identitätskrise *f*

identity, perceptual Wahrnehmungsidentität *f*

ideo- Wortelement mit der Bedeutung: Vorstellungs-, Begriffs-

ideokinetic apraxia Unfähigkeit *f* normale Bewegungen zu machen

id function Ich-Funktion *f*

idio- Wortelement mit der Bedeutung: eigen, besonders

idioglossia unverständliches Reden *n*

idiographic idiographisch, das Individuelle beschreibend

idiolalia äußerst defektives Reden

idiopathic diseases idiopathische Leiden *n/pl* (die keine äußere Ursache haben; Leiden, deren Ursache nicht bekannt ist)

idiosyncrasia Idiosynkrasie *f*, charakteristische Eigenart; krankhafte Eigenart; Exzentrizität *f*

idiotropic selbstprüfend; übertrieben selbstbewußt

id resistance Ich-Widerstand *m*

illusion Illusion *f*, falsche Vorstellung

illusion, sensory Sinnestäuschung *f*

illusion, space Raumtäuschung *f*

illusion, staircase Treppenillusion *f* (bei der die Treppe sowohl von oben als von unten gesehen wird und die beiden Perspektiven alternieren)

illusion, tactile Berührungstäuschung *f*

image Vorstellungsbild *n*

image, eidetic Anschauungsbild *n*

image, hallucinatory Trugbild *f*

image, inner Leitbild *n*

image, memory Gedächtnisbild *n*

image, psycho-visual Erscheinungsbild *n*

imagery type Vorstellungstypus *m*

imaginative phantasiereich, erfinderisch

imaginative power Einbildungskraft *f*

imago Imago *n* (Jung) (unbe-

wußte, prototypische Figur, die die Orientierung des Kindes gegenüber Familie und Umwelt bestimmt; idealisierte Erinnerung an eine geliebte Person)

imago, father (*or* paternal) Vaterbild *n*

imago, mother (*or* maternal) Mutterbild *n*

imperception mangelndes Wahrnehmungsvermögen

impulse, impulsion Impuls *m*, instinktmäßiger Antrieb

impulse discharge Impulsentladung *f*

impulsive act Impulshandlung *f*

impulsiveness impulsives Wesen; Leidenschaftlichkeit *f*

impulsive obsession triebhafte Besessenheit

inappetence Inappetenz *f*, Lustlosigkeit *f*

incendiarism Brandstiftungstrieb *m*

incentive Ansporn *m*, Anreiz *m*

incentive value Anreizwert *m*

incest barrier Blutschandeschranke *f*

incontinence Inkontinenz *f*, Nichtzurückhaltenkönnen *n*;

Geilheit *f*

incoordination (of muscles) Inkoordination *f,* mangelndes Zusammenspiel (der Muskeln)

incorporation Einverleibung *f*

indifference point Indifferenzpunkt *m,* (Übergangszone zwischen zwei entgegengesetzten Variablen wie Wärme und Kälte, Schmerz und Lust)

individual psychology Individualpsychologie *f* (eine holistische Egopsychologie und soziale Psychologie gegründet auf der Annahme, daß Leben Bewegung ist und daß es dauernd bestrebt sein muß, eine immer bessere Anpassung an die Umwelt zu erreichen)

individuation Individualisierung *f,* Ausbildung *f* der individuellen Eigenart

individuation process Individualisierungsprozeß *m*

induced sickness Induktionskrankheit *f*

industrial psychology Betriebspsychologie *f*

inertia, principle of (neuronic) *see* principle of (neuronic) inertia

infantilism Infantilität *f,* Kind-

lichkeit *f*

inferiority complex Inferioritätskomplex *m* Minderwertigkeitskomplex *m*

inferiority feelings Minderwertigkeitsgefühle *n/pl*

inflow (influx) of stimulus Reizzufuhr *f*

in group Eigengruppe *f* (eng verbundene Gruppe mit starkem Solidaritätsgefühl)

inhibition Inhibition *f,* Hemmung *f*

inhibition of expression Ausdruckshemmung *f*

inhibition of reinforcement Hemmungsverstärkung *f*

inhibitory hemmend, Hemmungs-

inkblot test Rorschach Test *m*

innervation Innervation *f* (Beförderung einer Energie an einen bestimmten Körperteil, wo sie motorische oder sensorische Phänomene erzeugt)

insensible unempfindlich; nicht reizreaktiv; gleichgiltig; sich nicht bewußt

insight Einsicht; Selbsterkenntnis: (in Psychiatrie) die Einsicht, daß die eigenen emotionellen Störungen subjektiv sind und keine reale Giltig-keit haben; (in Psychoanalyse) das Verstehen der eigenen Motive und der Bedeutung symbolischen Verhaltens

insistent idea fixe Idee

instability Unstetigkeit *f*, Labilität *f*

instinct Instinkt *m*, Trieb *m*

instinct, acquisitive Aneignungstrieb *m*

instinct, aggressive Aggressionstrieb *m*

instinct, aim-inhibited zielgehemmter Trieb

instinct, derivative Instinktabkömmling *m*

instinct of destruction Destruktionstrieb *m*

instinct disturbance Triebstörung *f*

instinct, gregarious Herdentrieb *m*

instinct, to master Beherrschungstrieb *m*

instinct of self-preservation Selbsterhaltungstrieb *m*

instinctive instinktiv, triebhaft

instinctivist Vertreter der Auffassung, daß alles psychosoziale Verhalten durch ererbte Kräfte gelenkt wird, die sich

zwar zeitweise verändern können, dennoch primär bestimmend bleiben

instinctivity Triebhaftigkeit *f*

instinct, partial *see* partial instinct

instinct, power Machttrieb *m*

instinct, primal Urtrieb *m*

instinct, sexual Geschlechtstrieb *m*

instinct, social *see* social instinct

instinctual triebhaft; impulsiv; irrational

instinctual component Triebkomponente *f*;

instinctual impulse Triebregung *f*

instinctual representative Triebrepresentant *m*, Triebrepresentanz *f*

institutionalization Anstaltsunterbringung *f*; Anpassung an das anstaltsmäßige Verhalten

integrated personality integrierte Person

integration Integration *f*, Zusammenfassen zu einem Ganzen; Eingliederung; harmonisches Zusammenwirken der seelischen Grundtätigkeiten; Übereinstimmung von Individuum und Umgebung

integration of personality Persönlichkeitsintegration *f*

intellection Verstehen *n*, Denkvorgang *m*

intellectualization Intellektualisierung *f* (der Versuch der Analyse eines Problems auf rein intellektueller Grundlage; ein Abwehrmechanismus des Patienten, der in der Bemühung, seine Emotionen und Konflikte zu verstehen und zu erklären sie aber gleichzeitig zu verhüllen, diese auf rein intellektueller Grundlage in diskursiver Form unter dauernder Abweichung vom Thema analysiert)

intelligence quotient Intelligenzquotient *m*

intelligence scale Intelligenzbestimmungssystem *n*

intelligence test Intelligenzprüfung *f*

intentional response vorbereitende, zögernde Reaktion

intentional tremor Intentionszittern *n*

intention-inhibiting disorder Intentionspsychose *f*

inter- Wortelement mit der Bedeutung: (da)zwischen; wechselseitig

interaction Wechselwirkung *f*, gegenseitige Beeinflußung

interactional analysis *see* psychoanalysis, transactional

interbehavior Verhalten durch das sich ein Organismus an die Umwelt anpaßt

interbehavioral psychology Psychologiesystem, das die Wechselwirkung zwischen Organismus und Umwelt betont

intercorrelation Wechselbeziehung *f*

intercourse Umgang *m* (mit); Geschlechtsverkehr *m*

interego (Stekel) *see* superego

interference, retroactive rückwirkende hemmende Einwirkung

interindividual zwischenindividuell

internalization Verinnerlichung *f*

interoceptor Proprioceptor *m*, (Nervenendigung, die aus dem Körperinnern kommende Reize wahrnimmt)

interpersonal zwischenmenschlich

interpersonal theory Zwischenmenschlichkeitstheorie *f* (Harry S. Sullivans Theorie,

nach der Geisteskrankheit und
Persönlichkeitsentwicklung
mehr durch zwischenmenschliche Beziehungen als durch
konstitutionelle Faktoren bestimmt werden)

intersex Intersex *m*, geschlechtliche Zwischenform *f*

intersexual intersexual, zwi-
schengeschlechtlich

intersexuality Intersexualität *f*,
Zwitterhaftigkeit *f*

interstimulation Modifizierung
des Verhaltens in Reaktion
zur Anwesenheit anderer

intrapsychic intrapsychisch, in
der Seele befindlich

intrapsychic conflict Konflikt *m*
zwischen zwei oder mehreren
mit einander unvereinbaren
unbewußten Trieben

intrinsic wirklich; wesentlich; in-
nerlich

intrinsic motive Trieb, der keines
äußeren Anreizes bedarf

intro- Wortelement mit der Bedeutung: nach innen gewendet

introception unkritische Annahme von Meinungen und
Werturteilen anderer

introjection Introjektion *f* (Absorbierung des Überichs der El-

tern als eigene Richtungge-
bung)

intropunitive sich selbst bestra-
fend

introspection Selbstbeobach-
tung *f*; Selbstprüfung *f*

introspectionism die Lehre, nach
der das Ziel der Psycholo-
gie die Nachprüfung eigener
Erfahrungen ist

introspective introspektiv, selbstprüfend; auf Selbstbeobach-
tung gegründet

introversion Introversion *f*, Nach-
innengekehrtsein *n*

introvert *s* introvertierter Mensch

introvert *a* introvertiert, nach
innen gerichtet

invariance Unveränderlichkeit *f*

inverse relationship umgekehrte,
gegenteilige Beziehung

inversion, sexual Homosexualität *f*

inverted Oedipus complex um-
gekehrter Ödipuskomplex
(Fixierung an den Elternteil
des eigenen Geschlechts)

investment Investierung *f* (psychische Energie, die an einen
Gegenstand gewendet ist; die
potentielle Stärke ihrer Wirkung auf diesen Gegenstand)

involution rückläufige Entwicklung, Regression f

involutional melancholia Involutionsmelancholie f (Depression als Folge der Wechseljahre)

ipsation *see* autoeroticism

I.Q. (intelligence quotient) I.Q. m

irreversibility Nichtumkehrbarkeit, Unwiderruflichkeit f

iso- Wortelement mit der Bedeutung: gleich

isophilia herzliches, jedoch asexuelles Verhalten gegenüber Personen des eigenen Geschlechts

J

jnd (just noticeable difference) kaum merklicher Unterschied (zwischen zwei Reizen)

jnnd (just not noticeable difference) der größte noch wahrnehmbare Unterschied zwischen zwei Reizen

job satisfaction Befriedigung *f* in der Berufsarbeit

Jocasta complex Jocaste Komplex *m* (übertriebene, perverse Liebe der Mutter für ihren Sohn)

juvenile court Jugendgericht *n*

juvenile delinquency Jugendkriminalität *f*

juvenile delinquent Jugendkrimineller *m*

juvenility jugendliche Unreife (in Erwachsenen)

66

K

kainotophobia *see* cainophobia
katasexual *see* necrophilic
kinesthesia Kinästhesie *f*, Bewegungsempfindung *f*, Muskelsinn *m*

kleptolagnia geschlechtliche Erregung beim Stehlen
kleptomania Kleptomanie *f*, Stehltrieb *m*
knee (jerk) reflex Kniereflex *m*

L

lallation Lallen *n*; unrichtiges Aussprechen des l für r

-lallia Wortelement mit der Bedeutung: reden

lalo- Wortelement mit der Bedeutung: reden

laloneurosis nervöse Sprachstörung

lalopathia Lalopathie *f*, Sprechstörung *f*

lalophobia krankhafte Furcht zu sprechen

laloplegia Lähmung der Sprechmuskeln und resultierende Sprechunfähigkeit

latence Latenz *f* (Zustand zwischen Reizzufuhr und Reaktion)

latence period Latenzperiode *f* (des Kindes vom vierten Lebensjahr bis zur Pubertät); Zeitintervall zwischen Reizzufuhr und Reaktion

law of associative shifting Prinzip *n* der assoziativen Verschiebung

law of configuration Gestaltungsgesetz *n*

law of conflicting associations Gesetz *n* der widerstreitenden Assoziationen

law of contiguity Gesetz *m* der Kontiguität (der räumlichen und zeitlichen Berührung von Vorstellungen)

law of diminishing returns Gesetz des sinkenden Ertrags

law of filial regression (filiales) Regressionsgesetz *n*

law of least action Gesetz *n* der geringsten Tätigkeit

law of probability Gesetz *n* der Wahrscheinlichkeit

law of readiness Gesetz *n* der Reaktionsbereitschaft

law of recency Neuheitsgesetz *n*

law of reflex fatigue Gesetz *n* der Reflexermüdung

law of sufficient reason Gesetz *n* des ausreichendes Grundes

law of temporal summation Gesetz der Zeitsummierung

lay analysis Laienanalyse *f*

learning, spaced verteiltes Lernen

learning, massed gedrängtes

Lernen

learning, spatial räumliches Lernen

lengthening reaction Verlängerungsreaktion *f*

-lepsia, -lepsy Wortelement mit der Bedeutung: heftiger Anfall

-lepto Wortelement mit der Bedeutung: schwach, schmal, dünn

leptomorphic, leptosome von schmalem Körperbau

Lesbianism lesbische Liebe, weibliche Homosexualität

leschenomia Geschwätzigkeit *f*

lethargic lethargisch, teilnahmslos

lethargy Lethargie *f*, Teilnahmslosigkeit *f*

letheomania krankhaftes Verlangen nach Rauschgiften

leveling effect nivellierende Wirkung

level of consciousness Bewußtseinsniveau *n*

level of intelligence Intelligenzniveau *n*

levels of character Schichten *f/pl* des Charakters

libidinal libidinös

libidinization Erotisierung *f*

libidinize erotisieren

libidinous zügellos, ausschweifend; libidinös, triebhaft

libido Libido *f*, Geschlechtstrieb *m*

libido analog jeder Gegenstand, der ein Ersatz für ein libidinöses Objekt geworden ist

libido fixation Libidofixierung *f*

lie detector Lügendetektor *m*

life cycle Lebenszyklus *m*

life instinct Lebenstrieb *m*

life line Lebensader *f*, Lebenslinie *f* (Adler)

life record Lebensbeschreibung *f*

life style Lebensstil *m*

light adaptation Helladaption *f*

light reflex Lichtreflex *m*

light sensation Lichtempfindung *f*

light sense Lichtsinn *m*

light stimulus Lichtreiz *m*

light wave Lichtwelle *f*

liminal stimulus Schwellenreiz *m*

limit fiducial Vertrauensgrenze *f*

limophoitas durch Hungern verursachte Psychose

line of sight Blicklinie *f*

lip eroticism Lippenerotik *f*

lip reading Lippenlesen *n*

localization of sound Schal-
lokalisierung *f*
logamnesia Vergessen *n* von
Worten
-logia, -logy Wortelement mit
der Bedeutung: Rede; Lehre
logo- Wortelement mit der Bedeutung: Wort; Denken Rede;
Sprechen
logoneurosis durch Sprachstörung verursachte Neurose
logopathy Sprachstörung *f*
logopedics Behandlung *f* von
Sprechstörungen; Sprachheil-

kunde *f*
logorrhea Logorrhöe *f*, krankhafte Geschwätzigkeit
logospasm Stottern *n*
looking-glass self Spiegel-Selbst
n
loss of reality Realitätsverlust
m
lycorexia Heißhunger *m*
lypemania *see* melancholia
lypothymia Melancholie *f*
lyssophobia Furcht *f* vor Wahnsinn

M

macrocephaly Makrozephalie *f*, Großköpfigkeit *f* (oft das Zeichen geistiger Zurückgebliebenheit)

macrogenesia Riesenwuchs *m*

macromania krankhafte Selbstüberschätzung

macropsia Makropsie *f*, Überschätzung *f* der Größe wahrgenommener Gegenstände

macroscopic makroskopisch, mit bloßem Auge wahrnehmbar; als ganzes wahrgenommen ohne Eingehen auf Einzelheiten

madcap toller Kerl

madman Verrückter *m*

magilalia zögerndes Sprechen

maintenance level Erhaltungsniveau *n*

maioisiophobia krankhafte Angst zu gebären

major solution (K. Horney) Tendenz *f*, einen der neurotischen Grundtriebe zu verdrängen, um so einen Konflikt zu beseitigen

maladaptation, maladjustment Fehlanpassung *f*: vocational *m*.Fehlanpassung im Beruf

maladjusted fehl angepaßt, milieugestört

malaise Unwohlsein *n*, Kränklichkeit *f*

malleable formbar; gefügig

malpractice falsche oder schlechte ärztliche Behandlung

mandala (Jung) Mandala *n* (magischer Kreis, Symbol von Meditation [fromme Betrachtung], der das Streben nach völliger Einheit des Selbst darstellt)

maniaphobia krankhafte Furcht wahnsinnig zu werden

manic, maniacal manisch

manic-depressive insanity manisch-depressives Irresein

manifest anxiety manifeste (augenscheinliche) Angst (vermutet symptomatisch zu sein für die ihr zu Grunde liegende Verdrängung von Konflikten)

manifest content erinnerter Trauminhalt

manikin test Gliederpuppenlegetest (Intelligenztest)*m*

manipulate manipulieren, geschickt beeinflussen

man-to-man rating scale zwischenpersönliche vergleichende Beurteilungsskala

marginal consciousness Randbewußtsein *n* (ohne rechte Aufmerksamkeit, daher vage)

marginal group Randgruppe *f* (die sich einer Kultur nicht angepaßt hat)

marginal man Grenzmensch *m*, Außenseiter *m*

marginal neurosis Randneurose *f*

marginal sensations Wahrnehmungen *f/pl* am Rande des Bewußtseins

masculinity complex Männlichkeitskomplex *m*

mask Maske *f*, (Jung) Fassade *f* (die Rolle, die einem die Kultur einer Gesellschaft aufnötigt; die Fassade, die das wirkliche Selbst verdeckt)

mass hysteria Massenhysterie *f*

mass mind Massengeist *m*

mass polarization Massenpolarisation *f*

mass psychology *f* Massenpsychologie *f*

mass suggestion Massensuggestion *f*

matching method Zuordnungsmethode *f*

mating assortativeness Partnerangleichung *f*

mating behavior Paarungsverhalten *n*

matriarchy Mutterherrschaft *f*

matrilinear matrilinear (auf die mütterliche Abstammung bezüglich)

maturation Reifung *f*

maturation, stimulus-induced reizinduzierte Reifung

mean deviation mittlere Abweichung *f*

mean-error procedure Methode *f* des mittleren Fehlers

mechanical aptitude technische Begabung

mediation theory Theorie *f* der vermittelnden Prozesse (die Lehre, daß Reize ein Verhalten nicht direkt hervorrufen sondern nur vermittelnde Vorgänge bewirken, die das faktische Verhalten in Bewegung setzen)

mega- Wortelement mit der Bedeutung: groß

megalomania *see* macromania

megalopsia

megalopsia *see* macropsia

melancholia, melancholy Melancholie *f*, Schwermut *f*

memory after-image Gedächtnisnachbild *n*

memory, associative durch Assoziation wirkendes Gedächtnis

memory gap Gedächtnislücke *f*

memory, screen *see* screen memory

memory trace Gedächtnisspur *f*

menopause Menopause *f*, Wechseljahre *n/pl*

mental geistig; seelisch; intellektuell; auf verborgene Vorgänge bezüglich

mental age Intelligenzaltersstufe *f*

mental disorder Geistesgestörtheit *f*

mental healing psychologische Heilmethode

mental health geistige Gesundheit

mental hygene Gesundheitspflege *f*

mental image geistige Vorstellung

mentally deficient geistesschwach

mentally deranged geisteskrank

mental process Denkvorgang *m*

mental set geistige Einstellung

mental test psychologischer Test

meso- Wortelement mit der Bedeutung: Mitte, Mittel-, Zwischen-

met-, meta- Wortelement mit der Bedeutung: mit; nach; höher

metabolism Stoffwechsel *m*, Metabolismus *m*

metabolism, basal Grundumsatz *m*

metapsychics, metapsychology *see* parapsychology

metempsychosis Metempsychose *f*, Seelenwanderung *f*

method, double blind Doppelblindmethode *f*

method, introspective Selbstbeobachtungsmethode *f*

method of constant stimuli Methode *f* der konstanten Reize

method of co-twin control Zwillingskontrollmethode *f*

method of disappearing differences Grenzmethode *f*, Annäherungsmethode *f*

method of double stimuli Doppelreizmethode *f*

method of elimination Eliminierungsmethode *f*

method of equal-appearing intervals Methode *f* der gleich scheinenden Intervalle

method of equal and unequal cases Methode *f* der gleichen und ungleichen Fälle

method of equal sense differences Methode *f* der gleichmässigen Abstufungen

method of groups of stimuli Reizgruppenmethode *f*

method of isolated stimuli Methode *f* der Einzelreize

method of just noticeable differences Methode *f* der eben noch bemerkbaren Unterschiede

method of least differences Grenzmethode *f*

method of limits Grenzmethode *f*

method of mean gradations Methode *f* der gleichmäßigen Abstufungen

method of minimal changes Annäherungsmethode *f*

method of paired associates Methode *f* des Paarvergleichs

method of paired comparison Methode *f* des Paarvergleichs

method of prompting Methode *f* der Hilfen

method of rank order Rangreihenmethode *f*

method of retained members Methode *f* der behaltenen Glieder

method of right associates Treffermethode *f*

method of right and wrong cases Methode *f* der richtigen und falschen Fälle

method of sampling Stichprobenmethode *f*

method of selection Auswahlmethode *f*

method of single stimuli Methode *f* der Einzelreize

method of supraliminal differences Methode *f* der übermerklichen Unterschiede

method, recall Gedächtnismethode *f*

metromania zwanghafter Drang Gedichte zu machen

micromania psychotische Herabwürdigung seiner selbst

microphobia Furcht *f* von kleinen Dingen

microphonia Schwachstimmigkeit *f*

micropsia Mikropsie *f*, Kleinsehen *n*

mind-twist hypothesis Hypothese *f* über die funktionelle Natur geistig-seelischer Störungen

mirror drawing Spiegelzeichnung *f*

mirror phase (*or* stage) Spiegelstufe

misogamy krankhafte Abneigung gegen die Ehe

misologia, misology krankhafte Abneigung zu reden oder zu argumentieren

misperception test Trugwahrnehmungstest *m*

missing-parts test Test der fehlenden Teile

mnemic symbol Erinnerungssymbol *n*

mnemonic Wortelement mit der Bedeutung: Gedächtnis-

mnemonics Mnemonik *f*, Mnemotechnik *f*, Gedächtniskunst *f*

-mnesia, -mnesis Wortelement mit der Bedeutung: Gedächtnis; Erinnerung

mobility, social *see* social mobility

mogigraphia Schreibkrampf *m*

momism abnormale Abhängigkeit von der Mutter

mongolian monogoloid

mongolism Mongolismus *m*, mongoloide Idiotie

mongoloid mongoloid

monomania Monomanie *f*, Besessenheit *f* von einer einzigen Idee; Geistesgestörtheit *f* auf nur einem Gebiet

monophobia krankhafte Furcht allein zu sein

moria krankhafter Impuls zu scherzen

moronic schwachsinnig, imbezill

moronity Schwachsinn *m*, Imbezillität *f*

mother fixation Mutterfixierung *f*, Mutterbindung *f*

mothering Bemuttern *n*

motile motorischer Mensch

motility Motilität *f*, selbstständiges Bewegungsvermögen

motivate Antrieb erwecken (in)

motivation Antrieb *m*

motor aphasia Unfähigkeit *f* zu sprechen oder zu schreiben

motor cell *see* motor neuron

motor nerve motorischer Nerv

motor neuron motorisches Neuron (Neuron, das Reize gegen Muskeln oder Drüsen leitet)

movement, compulsive kompulsive Bewegung

movement, convulsive krampfartige Bewegung

movement gestalt Bewegungs-
gestalt *f*

multiple-choice method Mehr-
fachwahlmethode *f*

multiple-choice test Alternativantworttest *m*

multiple-group method multiple
Gruppenmethode *f*

muscle sensation Muskelem-
pfindung *f*

muscle sense Muskelsinn *m*

muscle, voluntary willkürlicher
Muskel

mussitation undeutliches Sprechen; Bewegen *n* der Lippen
ohne zu sprechen

mutism Mutismus *m*, Schwei-
gesucht *f*; Stummheit *f*

myasthenia Muskelschwäche *f*,

Myasthenie *f*

myo- Wortelement mit der Bedeutung: muskel-

my(o)esthesia Muskelsinn *m*,
Bewegungssinn *m*

myopia Myopie *f*, Kurzsich-
tigkeit *f*

myosis myosis *f*, Pupillenver-
engung *f*

myotonia Muskelstarrheit *f*;
Muskelkrämpfe *m/pl*

mysophilia pathologisches Interesse in Schmutz

mysophobia Mysophobie *f*,
krankhafte Angst vor Be-
schmutzung

mythomania Neigung übertriebene Berichte eingebildeter
Vorstellungen zu geben

N

nanism Nanismus *m*, Zwerg-wuchs *m*

narcism, narcissism Narzißmus *m*, Selbstliebe *f*, Autoerotis-mus *m*

narcissistic object choice nar-zißtische Objektwahl *f* (libidi-nöse Hinneigung zu sich selbst oder zu einer Person, die dem Selbst sehr ähnlich ist)

narcoanalysis Narkoanalyse *f* (Analyse während eines durch Betäubungsmittel herbeige-führten schlafähnlichen Zu-stands)

narcodiagnosis Narkodiagnose *f*

narcolepsy Narkolepsie *f* (wie-derkehrende, plötzliche und unkontrollierbare Tendenz, in tiefen Schlaf von kurzer Dauer zu verfallen, verbunden mit epileptischem Zittern)

narcomania Narkomanie *f* Rausch-giftsucht *f*

narcosis Narkose *f*

narcosynthesis Narkosynthese *f* (Freisetzung unterdrückter Affekte mit Hilfe von Arz-neimitteln)

narcotherapy Narkotherapie *f*, Schlaftherapie *f* (Behandlung mit Hilfe von Betäubungs-mitteln)

narcotic *a* narkotisch, betäu-bend

narcotic *s* Narkotikum *n* Betäubungsmittel *n*

narcotism Narkotismus *m*, Sucht *f* nach Narkosemitteln; Schlafsucht *f*; narkotische Wirkung; Narkose *f*

nativism Angeborenheit *f*

nature-nurture controversy Ver-erbung-Umwelt Kontroverse *f*

nature-nurture problem (ratio) Vererbung-Umwelt Problem *n* (Verhältnis) *n*

necrophilia, necrophilism Ne-krophilie *f* krankhaftes Inter-esse an Leichen

necrophobia übertriebene Todes furcht; Furcht vor Toten

need cathexis Bedürfnisbeset-zung *f*

need for affiliation Geselligkeitsbedürfnis *n*

need for gratification Befriedi-
gungsbedürfnis *n*

need for punishment Strafbedürf-
nis *n*

need, innate Grundbedürfnis *n*

need of leaning (upon) Anleh-
nungsbedürfnis *n*

need reduction Bedürfnisredu-
zierung *f*

need tension Verkrampftheit *f*
als Folge von unerfüllten Be-
dürfnissen

negation Verneinung *f*

negation, delusion of das illu-
sionäre Verneinen offenbarer
Zustände

negative adaptation negative Anpassung, allmählicher Verlust
oder allmähliche Abschwäch-
ung der Empfindlichkeit in-
folge anhaltenden oder wieder-
holten Reizes

negative sensation unterschwellige Empfindung

negative suggestion Anregung,
die des Patienten Verhalten
verhindern oder hemmen soll

negative transference negative
Übertragung *f* (feindseliges
Verhalten gegenüber dem Psy-

choanalytiker)

negativism Negativismus *m*, negatives Verhalten

neoanalyst Psychoanalytiker,
der die instinktive oder bio-
logische Betonung der ortho-
doxen Psychoanalyse verwirft
und die Ursache von Neurosen
in sozialen Konflikten sieht.

neolalia Neigung *f* zum Gebrauch von Wortneubildungen

neomnesis gutes Gedächtnis für
die jüngste Vergangenheit

nerve, afferent Empfindungsnerv *m*

nerve, auditory Hörnerv *m*

nerve block Nervenblockierung *f*

nerve cord Nervenstrang *m*

nerve ending Nervenende *n*

nerve fatigue Nervenermüdung
f

nerve fiber Nervenfaser *f*

nerve impulse Nervenimpuls *m*,
Nervenerregung *f*

nerves, efferent *see* efferent
nerves

nerve track Nervenbahn *f*

nervosity, nervousness Nervosität
f

neuralgia Neuralgie *f*, Nerven-
schmerz *m*

neurasthenia Neurasthenie *f*,

Nervenschwäche *f*

neurasthenic Neurastheniker *m*

neurogenic neurogen (Nervengewebe bildend; von Nervengewebe herrührend)

neuropath Psychopath *m*, Nervenkranker *m*

neuropathist Neurologe, *m*, Nervenarzt *m*

neuropathology Neuropathologie *f*, (Lehre von den Nervenkrankheiten)

neuropathy Nervenleiden *n*

neurosis Neurose *f*

neurosis, accident Unfallsneurose *f*

neurosis, actual Aktualneurose *f* (als Folge von organischen Defekten)

neurosis, analytical analytische Neurose (verursacht durch zu lang ausgedehnte Analyse)

neurosis, combat Schützengrabenneurose *f*

neurosis, compulsion Zwangsneurose *f*

neurosis, experimental experimentelle Neurose

neurosis, failure Mißerfolgsneurose *f*

neurosis, fate Schicksalsneurose *f*

neurosis, marginal Randneurose

neurosis, mixed Mischneurose *f*

neurosis, nuclear Kernneurose

neurosis, obsessional Zwangsneurose *f*

neurosis occupational Berufsneurose *f*

neurosis, transference Neurosentransferenz *f*, Neurosenübertragung *f*

neurosis, vegetative vegetative Neurose (verursacht durch unbewußte Konflikte, die die vegetativen Funktionen stören)

neurosis, visceral Neurose *f* der inneren Organe

neurotic *a* neurotisch, nervenkrank; die Nerven betreffend; Neurosen . . . ; auf die Nerven wirkend

neurotic *s* Neurotiker(in); Nervenkranke(r); Nervenleiden *n*; Nervenmittel *n*

neuroticism Neurotizismus *m*, leichtes Nervenleiden

neurotic process (Horney) der Konflikt des Neurotikers zwischen dem idealisierten und dem wirklichen Selbst

neurotic solution Beseitigung eines neurotischen Konflikts, indem dieser aus dem Bewußtsein entfernt wird

night terror   Nachtangst *f*

night vision   Traumgesicht *n*, nächtliche Erscheinung

night walker   Nachtschwärmer *m*; Nachtwandler *m*

nihilistic delusion   der Wahn daß nichts wirklich ist

noctambulism   Somnambulismus *m*, Schlafwandeln *n*

noctambulist   Schlafwandler *m*

nodding spasm   krampfhaftes Nicken

nomadism   Nomadentum *n* (die Tendenz, Aufenthalt, Wohnung und Beruf häufig zu wechseln)

nominal aphasia   Nomenaphasie *f* (Unfähigkeit, sich an Na-

men von Personen oder Gegenständen zu erinnern)

noso-   Wortelement mit der Bedeutung: Krankheit

nosogenesis, nosogeny   Beginn *m* und Entwicklung einer Krankheit

nosology   Nosologie *f*, Krankheitslehre *f*

nosomania   Nosomanie *f*, eingebildetes Kranksein

nosophobia   pathologische Furcht zu erkranken

nyctolopsia   Nachtblindheit *f*

nyctophobia   Furcht vor der Nacht oder Dunkelheit

nymphomania   Nymphomanie *f* Männertollheit *f*

O

object cathexis Objektbesetzung
f

object choice Objektwahl *f*

object constancy Wahrnehmungskonstanz *f*

objectivation Objektivierung, Vergegenständlichung *f* (die eigenen Gefühle einem andern zuschreiben)

objective anxiety Objektangst *f* (für die ein indentifizierbarer, äußerer Grund besteht)

objective psychology objektive Psychologie (die sich auf sichtbare Verhaltensweisen beschränkt und introspektive und subjektive Daten ausschließt)

object loss Objektverlust *m*

obliviscence Vergeßlichkeit; die Tendenz von Ideen, allmählich zu verschwinden

obsession Zwangsvorstellung *f*; fixe Idee; Verfolgungswahn *m*

obsessional neurosis Zwangsneurose *f*

obsessive-compulsive zwangsneurotisch

obsessive idea Zwangsvorstellung *f*

obstruction method Hindernismethode *f*

occupational disease Berufskrankheit *f*

occupational test Berufstest *m*

occupational therapy Beschäftigungstherapie *f*

oceanic feeling ozeanisches Gefühl (der mystischen Allverbundenheit)

ochlophobia krankhafte Furcht vor Menschenmassen

odynophobia Furcht *f* vor Schmerz

Oedipus complex Ödipuskomplex *m* (die unterdrückte erotische Fixierung an den Elternteil des entgegengesetzten Geschlechts)

oikiomania pathologisches Verhalten gegenüber der eigenen Familie

oinomania Trunksucht *f*

oliergasia Geistesschwäche *f*, Schwachsinn *m*

oligo- Wortelement mit der Bedeutung: wenig, kurz

oligologia mangelnder Wortschatz

oligophrenia Geistesschwäche *f* Schwachsinn *m*

ombrophobia krankhafte Furcht vor Regen oder Stürmen

oneiric image Traumbild *n*

oneirism Traumzustand während man wach ist

oneiro- Wortelement mit der Bedeutung: Traum

oneirodynia Somnambulismus verbunden mit Alpdrücken

oniomania Oniomanie *f*, krankhafte Kaufsucht

onomatomania Onomatomanie *f*, Wortzwang *m*, Namenszwang *m*

operant operant, nicht reizgebunden

operational Funktions-

ophidiophilia krankhaftes Angezogensein von Schlangen

ophresiophobia Furcht *f* vor Gerüchen

ophresis Geruch *m*

-opia, -opy Wortelement mit der Bedeutung: Sicht *f*, Augenzustand *m*

opinionaire Fragebogen *m* in Meinungsbefragung

oral character Oralcharakter *m* (der die Erfahrungen der frühesten Entwicklungsstufe widerspiegelt)

oral dependence Oralabhängigkeit *f* (das Verlangen in die Sicherheit des frühesten Kindesalters zurückzukehren)

oral incorporation orale Einverleibung *f*

oral regression orale Regression (das Verlangen, in die orale Entwicklungsstufe zurückzukehren)

oral stage orale Entwicklungsstufe

orectic orektisch (Begierden betreffend)

Orestes complex Oresteskomplex *m* (das unbewußte oder unterdrückte Verlangen des Sohns, seine Mutter zu töten)

-orexia Wortelement mit der Bedeutung: Hunger oder Appetit

orexis Begierde *f*, Verlangen *n*

organicism Organizismus *m* (die Lehre daß alle Störungen, geistige wie physische in Organen ihren Ursprung haben)

organismic psychology organismische Psychologie (betont das

Studium des biologischen Organismus und verwirft die Trennung von Körper und Geist)

organogen(et)ic organogenetisch, von einem bestimmten Organ herrührend

orgiastic orgiastisch, orgienartig

ortho- Wortelement mit der Bedeutung: korrekt; gerade; (senk)recht

orthogenic verbessernd, korrigierend

orthophrenia gesunder Geisteszustand

orthopsychiatry Orthopsychiatrie *f* (betont frühzeitige Behandlung und Verhütung von Störungen)

osmosis Osmose *f* allmähliche Absorbierung

-osmia Wortelement mit der Bedeutung: Geruch

osmology Wissenschaft *f* von den Riechstoffen

osphresiolagnia krankhafte Besorgnis in Bezug auf den eigenen Körpergeruch

outer-directed von äußeren Einflüssen gelenkt

outgroup Fremdgruppe *f*

outlet Auslauf *m*, Ventil *n;* Entladung: to find an outlet for one's emotions seinen Gefühlen Luft machen

outpatient ambulanter Patient

outpatients' department Ambulanz *f*

overcompensation Überkompensation *f*

overdetermined dreams von mehreren Faktoren bestimmte Träume

overexcitable zu leicht aufgeregt

overinhibited übertrieben gehemmt

overinterpretation Überdeutung *f*

overprotective (of a child) übermäßig besorgt (um ein Kind)

overreact überreagieren

overreaction übermäßiges Reagieren *n*

overt behavior direkt beobachtbares, offenkundiges Verhalten *n*

oxy- Wortelement mit den Bedeutungen: sauer; scharf; spitzig; schnell; schrill

oxyaphia hoch entwickelter Tastsinn

oxyesthesia sehr feines Empfindungsvermögen

oxygeousia ungewöhnlich scharfer Geschmacksinn

oxyopia übernormale Seh-schärfe

oxyphonia Schrillheit *f* der Stimme

P

pace vt jemandes Schritt-
macher sein, das Tempo bestimmen von (im Lernen oder
in der Durchführung einer Aufgabe)

pace, personal Eigentempo *n*

paido- *see* pedo-

pain principle *see* death instinct

pain, psychic psychischer
Schmerz (für den kein Reiz
feststellbar ist)

pain, referred Schmerz, der von
anderer Richtung herrührt als
von der des Reizes

pain sense Schmerzsinn *m*

pain spot Schmerzpunkt *m*

pain threshold Schmerzgrenze *f*

pair of opposites Gegensatzpaar
n

paired comparison method Methode des paarweise angeord-
neten Vergleichs

paleopsychic von primitiver
Mentalität

paleopsychology (Jung) Paläo-
psychologie *f* (die Erforschung
des Archetypischen, wie es im
unbewußten Gedächtnis der
Menschheit fortlebt)

pali(n) Wortelement mit den
Bedeutungen: wieder(holt) zurück

paligraphia Spiegelschrift *f*

palilalia Palinphrasie *f* (sinn-
lose Wiederholung von Wör-
tern und Redensarten)

palinlexia Rückwärtslesen *n*

pallesthesia *see* palmesthesia

palinphrasia exzessiv häufige
Wiederholung der selben
Wörter oder fast identischer
Redensarten

palliative Palliativ(mittel) *n*, Linderungsmittel *n*

palmar reflex Handgreifreflex
m (des Neugeborenen)

palmesthesia Vibrationsempfindlichkeit *f*

palmospasmus Palmospasmus *m*
Schüttelkrampf *m*

palsy Paralyse *f*

palsy, cerebral Gehirnlähmung
f

palsy, psychic seelische Lähmung

pan-, panto-, Wortelement mit

der Bedeutung: ganz-, all-

panphobia Furcht vor allem

panpsychism Panpsychismus *m* (die Lehre, daß alle Realität geistig oder psychisch ist)

pansexualism Pansexualismus *m* (die Auffassung, daß alles menschliche Verhalten sexuell motiviert ist)

pantophobia *see* panphobia

para- Wortelement mit der Bedeutung: neben, über hinaus; falsch, gestört; ergänzend, ähnlich

parablepsia Parablepsie *f*, Sehstörung *f*

parabulia Entschlußunfähigkeit *f*

paracusia Hörstörung *f*, verkürztes Gehör

paradoxical temperature sensation paradoxe Temperaturempfindung

parageusia Parageusie *f* Geschmacksstörung *f*

paragraphia Paragraphie *f* (pathologische Wortverwechslung beim Schreiben oder Reden)

paralalia Paralalie *f* Danebenreden *n*; Wortverwechslung; Lautverwechslung

paralambdacism Sprachstörung, bei der statt des l ein w ausgesprochen wird

paralexia *see* dyslexia

paralgesia abnormale Schmerzempfindlichkeit

paralipophobia die Furcht, Verantwortlichkeiten zu vernachlässigen

paralogia Irrereden *n*, zusammenhangloses Reden

paralysis Paralyse *f*, Lähmung *f*

paralysis agitans *see* Parkinson's disease

paramimia fehlerhafte Verständigung

paramnesia Paramnesie *f*, Gedächtnisstörung; Gedächtnistäuschung *f*

paranoia Paranoia *f*, (Wahnvorstellungen und Sinnestäuschungen)

paranoiac *a* paranoisch

paranoiac *s* Paranoiker (in) *m/f*

paranoid paranoid

paranosia, paranosis Krankheitsgewinn *m* (das Gewinnen von Vorteilen durch Krankheit)

paraphasia, paraphasis Paraphasie *f* (gewohnheitsmäßige Einschaltung unrichtiger oder nicht passender Wörter im Sprechen)

paraphia Paraphie *f*, Tastsinnstörung *f*

paraphonia Paraphonie *f* Stimmstörung *f*

paraphrenia Paraphrenie *f*, Entwicklungspsychose *f*

parapraxis Fehlleistung *f*; Parapraxie *f* (allgemeiner Begriff, der Fehlleistungen zusammenfaßt wie, sich versprechen, sich verlesen etc. von Freud als "Psychologie des Alltags" (bezeichnet)

parapsychology Parapsychologie *f* (die Erforschung von psychologischen Phänomenen die wissenschaftlich nicht erklärt werden können, Wissenschaft von den okkulten Erscheinungen)

parasexuality abnormale Sexualveranlagung

parasomnia krankhafte Schlafgestörtheit

paratactic auf Erlebnisweisen bezüglich, bei denen Vorfälle nur undifferenziert und beziehungslos wahrgenommen werden (vorwiegend bei Neugeborenen)

parataxic emotionell milieugestört

parathymia krankhafte Launenhaftigkeit

paratypic auf Umweltseinflüsse bezüglich

paresis Parese *f* (Geisteskrankheit verbunden mit fortschreitender Lähmung als Folge syphilitischer Erkrankung)

paresthesia Parästhesie *f*, Störung *f* der Hautempfindung

paretic an Parese Leidender

Parkinson's disease Parkinsonsche Krankheit *f*, Schüttellähmung *f*

parorexia pathologisches Gelüst nach ungewöhnlichen Lebensmitteln oder Gegenständen

parosmia Parosmie *f*, Geruchshalluzination *f*, Geruchsstörung *f*

parosphresia *see* parosmia; Fehlen der Geruchsempfindung

paroxysm Paroxysmus *m*, Krampf *m*; Anfall *m*; Gefühlsausbruch *m*

parthenophobia krankhafte Furcht vor Mädchen

partial instinct Partialinstinkt *m* (der einen Teil des Geschlechtstriebs bildende Instinkt, der von dem oralen, analen oder genitalen Teil des Körpers herrührt)

partial love Liebesempfindung, die nur gegen einen Teil einer Person gerichtet ist, nicht aber gegen diese als Ganzes

partial reinforcement zeitweise aussetzende Verstärkung; Hingeben von nur einem Teil der Belohnung

pathergasia Körperdefekt, der die Anpassung an die Umgebung beeinträchtigt

-pathic Wortelement mit den Bedeutungen: leidend; empfindend, eine Heilmethode betreffend

patho- Wortelement mit der Bedeutung: Krankheit

pathogenesis, pathogenesy, pathogeny Krankheitsentstehung *f*, Krankheitsentwicklung *f*

pathogenetic, pathogenic, pathogenous krankheitserregend; die Krankheitsursache betreffend

pathognomic, pathognomical pathognomisch, für eine Krankheit kennzeichnend

pathognomy Pathognomik, *f*, Symptomenlehre *f*; Bestimmung der Gemütsbewegungen durch ihre äußern Anzeichen

pathologic, pathological pathologisch, krankhaft; die Krankheitslehre betreffend

pathology Pathologie *f*, Krankheitslehre *f*; pathologischer Befund *m*

pathomimesis Vortäuschen *n* einer Krankheit

pathoneurosis pathologische Befassung mit einem organischen Leiden

pathoneurosis Neurose, die sich in Verbindung mit einem körperlichen Leiden entwickelt

pattern of behavior Verhaltensweise *f*

pattern learning Lernen *n* von Gestalten

pattern, motor motorische Gestalt

pattern, reaction Reaktionsgefüge *n*

peccatophobia Furcht *f* eine Sünde zu begehen

pecking order Hackordnung *f*, Rangordnung *f*

pederosis Verwendung *f* von Kindern als sexuelle Objekte

pediatrician, pediatrist Kinderarzt *m*

pediatrics Kinderheilkunde *f*

pedo- Wortelement mit der Bedeutung: Knabe, Kind

pedophilia erotische Neigung zu Kindern

penis envy Penisneid *m*

perceptivity Wahrnehmungsfähigkeit *f*; Empfindungsvermögen *n*

perceptual identity Wahrnehmungsidentität *f*

perceptualization Organisierung *f* von Wahrnehmungselementen in ein sinnvolles Ganzes

perfectionism Perfektionismus *m*

perfectionist Perfektionist *m*

performance curve Leistungskurve *f*

performance test Leistungstest *m*

permissive antiautoritär, zuviel erlaubend

permissiveness Antitotalitarismus *m*

persecution mania Verfolgungswahn *m*

perseveration die Tendenz, eine Tätigkeit dauernd fortzusetzen, auch wenn sie bereits zwecklos geworden ist; beständige Wiederkehr der gleichen Idee auch ohne Reizempfang

persona Persona *f* (Jung) (die Persönlichkeit in Hinblick auf die Rolle, die einer in der Öffentlichkeit spielt, die Maske, hinter der einer seine seelische Struktur verbirgt, nicht nur für andere sondern auch für sich selbst)

personal equation jeder Unterschied zwischen zwei Personen als Folge individueller Verschiedenheit; der Unterschied im Zeitabstand zweier Personen in Bezug auf das Reagieren auf Reize

personal idiom persönliche Ausdrucksweise; persönlicher Stil

personal man (Jung) *see* persona

personalism, personalistic psychology die Auffassung. daß die individuelle Persönlichkeit der zentrale Gegenstand der Psychologie sein muß

personality disorder Persönlichkeitsstörung *f*

personality dynamics Persönlichkeitsdynamik *f*

89

personality formation Persönlichkeitsstruktur *f*

personality integration Persönlichkeitsintegration *f* (harmonische Übereinstimmung von Individuum und Umgebung)

personality inventory Persönlichkeitsinventar *n*

personality organisation *see* personality integration

personality trait Persönlichkeitszug *m*

personality trend Charakterrichtung *f*

personal unconscious das persönlich Unbewußte (Jung) (jener Teil des Unbewußten, der einzig dem Individuum zugehört)

personnel psychology Personalpsychologie

personology Personologie *f* (die Auffassung daß alle Verhaltensweisen zu erforschen sind in Bezug auf den innersten Kern der Persönlichkeit)

perverse pervers, widernatürlich

perverseness Perversität *f*

perversion Perversion *f*

pervert verderben, verführen

perverted widernatürlich, pervers

pervertedness Widernatürlichkeit *f*

-phagia, -phagy; phago-; -phagous Wortelement mit der Bedeutung: essend, fressend

phagomania krankhafter Drang sich zu überessen

phagophobia krankhafte Furcht vor Nahrung und Gewichtszunahme

phallic stage phallische Phase *f* (Alter von 3-7)

-phasia Wortelement mit der Bedeutung: Sprachstörung

phasic phasisch, Phasen-

-phemia Wortelement mit der Bedeutung: neurotische Sprachstörung

phenomenal movement Scheinbewegung *f*

phenomenal self das Selbst, wie es im Verhältnis zur Umwelt erlebt wird; das Selbst, wie es unmittelbar erlebt wird nicht durch Teste oder durch Beobachtung anderer

phenomenalism Phenomenalismus *m* (die Lehre, daß menschliches Wissen auf das Studium der Erscheinungen beschränkt ist aber das wirkliche Wesen der Realität nicht erfassen kann)

phenomenological phenomenal, auf Beobachtung beruhend, Erscheinungs-

phenomenology Phänomenologie *f* (die Auffassung, daß das Studium der Phänomene auf unmittelbarer Erfahrung beruhen müsse)

phenotype Phänotypus *m* Erscheinungsform *f*, Erscheinungsbild *n*

philo- Wortelement mit der Bedeutung: liebend, Freund von

philomimesia unwiderstehlicher Drang nachzuahmen

-phobe Wortelement mit der Bedeutung: Fürchtender, sich Scheuender; Hasser; fürchtend; sich scheuend; hassend

phobia Phobie *f* (krankhafte Furcht; Scheu; Angstzustand)

-phobia Wortelement mit der Bedeutung: krankhafte Furcht; Scheu; Angstzustand

phobophobia krankhafte Furcht, je Furcht empfinden zu müssen

phonasthenia Phonasthenie *f*, Stimmschwäche *f*; Heiserkeit *f*

-phonia, phono-, -phony Wortelement mit der Bedeutung:

Klang; Ton; Stimme; Sprache

phonopathy Stimmstörung *f*

phonophobia Sprechfurcht *f*

photism Photismus *m* (halluzinatorische Lichtempfindung; durch Farben hervorgerufene Tonempfindung)

photo- Wortelement mit der Bedeutung: Licht

photokinesis durch Lichtreiz hervorgerufene Bewegung

photoma die Empfindung von aufblitzendem hellem Licht; Gesichthalluzination *f*

photophobia Photophobie *f*, extreme Lichtempfindlichkeit *f*

-phrasia Wortelement mit der Bedeutung: Sprachstörung

phrenasthenia Geistesschwäche *f*

-phrenia, phreno- Wortelement mit der Bedeutung: Geistes-

phrenology Phrenologie *f* (die abgelehnte Lehre, daß geistige Fähigkeiten von der Größe des Gehirns abhängen)

piano theory Resonanztheorie *f*

picture-arrangement test Bilderordnentest *m*

picture-completion test Bilderergänzungtest *m*

picture interpretation test Bild-

interpretationstest *m*
pilot experiment Vorversuch *m*
pilot study Voruntersuchung *f*
placebo Placebo *n*, neutrales Suggestionsmittel; Linderungsmittel
planomania krankhafter Trieb sein Heim zu verlassen und die gesellschaftlichen Fesseln abzuwerfen
plasticity of libido Plastizität *f* der Libido (der Grad der Leichtigkeit, in dem die Libido ihr Objekt und die Art ihrer Befriedigung verändern kann)
plateau Plateau *f*, flache Stelle in der Lernkurve
play therapy Spieltherapie *f*
pleasure ego Lust-Ich
pleasure pain Schmerz–Lust
pleasure principle Lustprinzip *n*
-plegia, -plegy Wortelemente mit der Bedeutung: Schlag, Lähmung
pleniloquence zwanghaftes, unaufhörliches Reden
pleo-, pleio- Wortelemente mit den Bedeutungen: viel, mehr
pleonexia krankhafter Erwerbstrieb
pliable beeinflußbar, nachgiebig

pliability Beeinflußbarkeit *f* Nachgiebigkeit *f*
plutomania krankhafte Habgier
poly- Wortelement mit der Bedeutung: viel(e)
polylogia krankhafte Geschwätzigkeit
polyopia Mehrfachsehen *n*
polyphagia Gefräßigkeit *f*
polyphrasia *see* polylogia
polyposia Trunksucht *f*
poriomania ziellose Wanderlust
positive-negative conflict *see* approach-avoidance conflict
possessiveness Besitzgier *f*
power of concentration Konzentrationsvermögen *n*
power of configuration Gestaltungskraft *f*
power of imagination Vorstellungsvermögen *n*
power instinct Machttrieb *m*
practice curve Übungskurve *f*
practice limit Übungsgrenze *f*, Verbesserungsgrenze *f*
-praxia Wortelement mit der Bedeutung: Tätigkeit
preadolescence Voradoleszenz *f*, Vorreifezeit *f*
precondition of stimulation Vorbedingung *f* der Reizung
preconscious (Freud) vorbewußt

preconsciousness Vorbewußtes (was nicht im Bewußtsein ist aber ohne besondere Technik erinnert werden kann)

preference, vocational Berufsneigung *f*

pregenital vorgeschlechtlich, vor dem geschlechtsreifen Alter

premonitory system Frühsymptom *n* warnendes Vorzeichen

prenatal vorgeburtlich

prenatal care vorgeburtliche Pflege, Schwangerschaftsfürsorge *f*

prenubile den ganzen Lebensabschnitt vor der Geschlechtsreife betreffend; zur Ehe unreif

preoccupation Vertieftsein *n*; Voreingenommenheit *f*

preoedipal präoedipal

preperception Vorwegnahme *f* einer Wahrnehmung

prepotent response Reaktion (auf einen Reiz) die stärker ist als eine andere

prepsychotic vorpsychotisch

presby- Wortelement in der Bedeutung: Greisenalter-

presbyacousia Altersschwerhörigkeit *f*

presbyophrenia Alterserscheinungen *f/pl* (wie Gedächtnisschwäche)

presbyopia Alterssichtigkeit *f*, Weitsichtigkeit *f* (des Alters)

presenility Präsenilität *f*, vorzeitiges Altern

present, psychological psychische Präsenzzeit

pressure sense Drucksinn *m*

pressure sensibility Drucksensibilität *f*

pressure stimulus Druckreiz *m*

pretest Vortest *m*

priapism Priapismus *m* (schmerzhafte Dauererektion; Unzüchtigkeit *f*)

primal repression Urverdrängung *f*

primal scene Urszene *f* (des Geschlechtsverkehrs der Eltern, die das Kind sieht oder vermutet)

primary process Primärvorgang *m*

primipara Primipara *f*, Erstgebärende *f*

primitivization Regression *f*

primordial image Urbild *n* (Jung)

principle of constancy Konstanzprinzip *n* (nach dem der psychische Apparat den Grad der Erregung in sich so tief oder jedenfalls so beständig als möglich zu halten tendiert)

principle of continuity Stetigkeitsprinzip *n*

principle of elective affinities Prinzip *n* der Wahlverwandtschaften

principle of impressiveness Prinzip *n* der Beeindruckbarkeit

principle of (neuronic) inertia Trägheitsprinzip (Freud), Prinzip der Neuronenträgheit (nach dem die Nervenzellen dahin tendieren, sich der Energiemengen, die sie enthalten, vollständig zu entledigen)

principle, reality *see* reality principle

principle, reflex sensitization *see* reflex sensitization principle

principle of stratification Schichtenprinzip *n*

principle of varied reaction Prinzip *n* der variierten Reaktion

prison psychosis Haftpsychose *f*

problem behavior verwirrendes, irrationales oder antiso-

ziales Verhalten

problem child schwieriges Kind

process of consciousness Bewußtseinsvorgang *m*

process, excitatory Erregungsablauf *m*

process of gratification Befriedigungsablauf *m*

process, primary Primärvorgang *m* (bei dem im Es unmittelbare Befriedigung eines triebhaften Wunsches erfolgt)

prodromal symptom prämonitorisches (vorausgehendes) Symptom

prodrome Warnungssymptom *n* (einer sich entwickelnden Störung)

proficiency test Tüchtigkeitstest *m*, Fertigkeitstest *m*

profile analysis Profilanalyse *f*, Persönlichkeitsanalyse *f*

profile, psychic psychisches Profil, Charakterdiagramm *n*

progressive education fortschrittliche Erziehung

projective identification Fantasiemechanismus *m*, in dem das Selbst sich ganz oder zum Teil in das Objekt einschaltet, um es zu verletzen, zu besitzen oder zu beherrschen)

projective techniques Projektionsmethoden *f/pl* (Testmethoden die charakteristische Verhaltensweisen eines Menschen ausfindig machen, indem sie deren Projektion veranlassen)

projection Vergegenständlichung *f* von inneren Vorstellungen; Übertragung von Schuldgefühlen (auf andere)

prone neigend (zu), gefährdet (durch) *see* accident-prone

proneness, accident Unfallstendenz *f*

proprioceptive durch Reize erregt, die innerhalb des Organismus erzeugt werden

proprium die Gesamtheit der Persönlichkeitsaspekte, die für einen Menschen charakteristisch sind

protanopia Protanopie *f*, Rotblindheit *f*

protective shield Reizschutz *m*

protensity die Dauer einer Sinnesempfindung

proto- Wortelement mit der Bedeutung: Ur-, Proto-

protopathic protopathisch, ideopathisch (eine bestimmte Empfindlichkeit betreffend)

prototaxic prototaktisch (auf die früheste Entwicklungsstufe bezüglich)

pseudesthesia Pseudosensibilität *f* (Einbildung von Schmerzen wie die in einem amputierten Glied)

pseudo- Wortelement mit der Bedeutung: falsch

pseudoblepsia Illusion *f*, illusionäres Sehen

pseudochroesthesia Farbsehen *n*

pseudoconditioning Pseudobedingen *n*

pseudocyesis eingebildete Schwangerschaft

pseudodementia Pseudodemenz *f* (vorübergehender Zustand äußerster Apathie, die das Handeln mit normaler Intelligenz verhindert)

pseudolalia sinnloses Lallen

pseudomnesia pathologischer Zustand von Gedächtnistäuschungen

pseudopsia *see* pseudoblepsia

psychasthenia Psychasthenie *f* (schwächliche seelische Veranlagung mit manigfachen Störungen)

psychalgia psychisch bedingter

hysterischer Schmerz

psychedelic psychedelic, sinnerweiternd

psychiasis geistiges Heilen

psychiatric(al) psychiatrisch

psychiatric social worker psychiatrischer Sozialarbeiter

psychiatrism falsche Anwendung psychiatrischer Methoden ohne vorherige sorgfältige Untersuchung des Einzelfalles

psychiatrist Psychiater *m*, Nervenarzt *m*

psychiatry Psychiatrie *f*, Nervenheilkunde *f*

psychiatry, pastoral seelsorgliche Psychiatrie

psychiatry, social Sozialpsychiatrie *f* (das Studium der sozialen und kulturellen Faktoren, die die Ursache seelischer Störungen sind)

psychic *a* psychisch, seelisch, Seelen-; für übersinnliche Einflüsse empfänglich; telepathisch veranlagt

psychic *s* als Medium geeignete Person, Medium *n*

psychic balance seelisches Gleichgewicht

psychic energy seelische Kraft

psychic research Erforschung des Übersinnlichen

psychic trauma seelische Erschütterung

psychical working-out seelische Verarbeitung

psychoanalize psychoanalytisch untersuchen oder behandeln

psychoanalysis Psychoanalyse *f*

psychoanalysis, transactional Behandlung *f*, die die Ebenen der Wechselwirkungen innerhalb einer Person und zwischen Individuen betont. Die Ebenen in der Wechselwirkung sind bezeichnet "erwachsen", "Eltern", "Kind". Die Behandlung besteht darin, Ursprung und Entwicklung dieser Ebenen zu analysieren und Wege zu finden, sie innerhalb der Person zu integrieren

psychoanalyst Psychoanalytiker *m*

psychoanalytic(al) psychoanalytisch

psychoasthenics die Lehre von seelischen Störungen

psychobiology Psychobiologie *f* (Erforschung der Zusammenhänge des Seelenlebens mit anderen biologischen Vorgängen)

psychochemistry medikamentöse Behandlung von seelischen Zuständen und Krankheiten

psychodiagnostics Psychodiagnostik *f* (Studium des Charakters durch Deutung von Verhaltensweisen wie Gehen, Gestikulieren, Gesichtsausdruck)

psychodometer Psychodometer *m*, Reaktionszeitmesser *m*

psychodrama Psychodrama *n* (diagnostische und therapeutische Methode, bei der die Patienten ihre Konflikte schauspielerisch vorführen)

psychodynamics Psychodynamik *f* (Lehre von den Ursachen psychischer Vorgänge)

psychogenesis Psychogenese *f* (Ursprung und Entwicklung seelischer Vorgänge)

psychogenetics Psychogenetik *f* (das Studium der Psychogenese; das Studium der Vererblichkeit seelischer Eigenart)

psychogenic seelisch bedingt

psychogeusic auf Tastempfindungen bezüglich

psychognosis Psychognose *f* (das Studium des Individuums nach anatomischen Merkmalen durch Hypnose)

psychograph Psychogramm *n* (Darstellung der psychologischen Eigenart eines Menschen); Psychograph (Gerät zur Aufzeichnung der Mitteilungen von Geistern)

psychography Psychographie *f* (Beschreibung der psychologischen Eigenart eines Menschen; automatisches Schreiben des Mediums)

psychoid psychoid, dem Psychischen ähnlich

psychokinesis Psychokinese *f* (vermuteter motorischer Einfluß auf unbelebte Objekte; manisches motorisches Verhalten)

psycholagnia, psycholagny durch Fantasievorstellungen erzeugte geschlechtliche Erregung

psycholepsy plötzliche Abnahme des normalen geistigen Spannungniveaus; Depressionszustand *m*

psycholinguistics Psycholinguistik *f* (das Studium der Beziehungen zwischen Mitteilungen und der Eigenart der

Personen, die diese Mitteilungen machen; das Studium der verwendeten Sprache in Beziehung zu dem allgemeinen oder individuellen Charakter der Mitteilenden)

psychological psychologisch

psychological counseling psychologische Beratung

psychological field psychologisches Feld

psychological me das Selbst

psychological test battery psychologische Testreihe

psychologism Psychologismus *m* (die Auffassung, daß Psychologie die grundlegende Wissenschaft ist unter all jenen, deren Gegenstand der Mensch ist; die Auffassung, daß alle normativen Wissenschaften (Ethik, Logik, Aesthetik auf Erfahrungstatsachen beruhen)

psychologist Psychologe *m*, Psychologin *f*

psychologize psychologische Untersuchungen anstellen; psychologisch interpretieren; hypnotisieren

psychology Psychologie *f* (Wissenschaft vom Seelenleben; Mentalität; psychologische

Abhandlung)

psychology, act *see* act psychology

psychology, depth Tiefenpsychologie *f*

psychology, educational pädagogische Psychologie

psychology, existential daseinsanalytische Psychologie

psychology, faculty Vermögenspsychologie *f*

psychology, form Gestaltpsychologie *f*

psychology, gestalt *see* gestalt psychology *f*

psychology, individual Individualpsychologie *f*

psychology, military Wehrpsychologie *f*

psychology, objective *see* objective psychology

psychology, organismic *see* organismic psychology

psychology, personnel Personalpsychology

psychometric(al) psychometrisch (bezüglich des seelischen Testens und quantitativer Ermittlung der kennzeichnenden Charakterzüge und Eigenschaften einer Person; auf psychophysische Experimente bezüglich; auf mathematische und statistische Behandlung psychologischer Daten bezüglich)

psychometrician, psychometrist Psychometrist *m* (Spezialist für die Messung geistiger Vorgänge)

psychometrics, psychometry Psychometrie *f* (Messung geistiger Vorgänge)

psychomotor psychomotorisch (Muskeltätigkeit durch einen psychischen Vorgang bewirkt)

psychoneurosis Psychoneurose *f* (Störung des Gemütslebens)

psychoneurotic psychoneurotisch

psychonomic auf Faktoren bezüglich, die die seelische Entwicklung beeinflussen

psychonosology Psychonosologie *f* (Klassifizierung seelischer Störungen)

psychopath Psychopath(in) (seelisch-geistig abnormaler Mensch)

psychopathic psychopathisch

psychopathist Psychiater *m*

psychopathologist Psychiater *m*

psychopathology Psychopatho-

logie *f* (Wissenschaft vom kranken Seelenleben)

psychopathy Psychopathie *f*, seelische Abnormität

psychopedics psychologische Behandlung von Kindern

psychophysical psychophysisch, seelisch-leiblich

psychophysics Psychophysik *f* (Wissenschaft von den Beziehungen zwischen physikalischen und geistigen Vorgängen)

psychophysiology Psychophysiologie *f*, physiologische Psychologie

psychosensory auf bloß eingebildete Erlebnisse bezüglich, die nicht in den Sinnesorganen ihren Ursprung haben

psychosis Psychose *f* (ernste Geisteskrankheit)

psychosis, affective Affektpsychose *f*

psychosis, associated Begleitpsychose *f*

psychosis, senile Alterspsychose *f*

psychosis, situation reaktive Neurose (hervorgerufen durch eine höchst traumatische Situation)

psychosomatic psychosomatisch (auf Vorgänge und Zustände bezüglich, die sowohl psychisch als physich sind; auf das Verhältnis von Geist und Körper bezüglich)

psychosomatics Psychosomatik *f* (Lehre von der Wechselwirkung zwischen Seele und Körper)

psychosurgery Psychochirurgie *f* (Gehirnchirurgie zur Behandlung von Geisteskrankheiten)

psychosynthesis Psychosynthese *f* (eine die Psychoanalyse bekämpfende Richtung, die bestrebt ist, nützliche Hemmungen wiederherzustellen und dem Es seinen rechtmäßigen Platz zurück zu geben. Auch ist das Es und das Ich getrennt zu halten mit dem wirklichkeitsorientierten Ich in beherrschender Position)

psychotaxia geistige Verwirrtheit; Unfähigkeit anhaltender geistiger Anstrengung

psychotechnician Psychotechniker *m* (gewöhnlich ohne höhere Ausbildung)

psychotechnics, psychotechnology Psychotechnik *f* (angewandte

Psychologie)

psychotherapeutic psychotherapeutisch (auf Psychotherapie bezüglich; heilend)

psychotherapeutist, psychotherapist Psychotherapeut *m* Psychotherapeutin *f*

psychotherapy Psychotherapie *f* (Heilbehandlung mit psychologischen Mitteln)

psychotherapy, gestalt Gestaltpsychotherapie *f* (gegründet auf der Theorie, daß Psychopathologie von der Störung der Figur-Grund Entwicklung herrührt. Die Behandlung besteht in der Analyse der internen Erfahrung, um so eine "gute Gestalt" zu erzielen)

psychotherapy, interpersonal zwischenmenschliche Psychotherapie (Sullivan) (betont den zwischenmenschlichen Charakter dessen, was sich in der Behandlung und im Leben des Patienten ereignet, um ihm so zu helfen, jener Umstände seiner Person bewußt zu werden, deren er sich nicht bewußt werden will)

psychotherapy, "poison pen" das Schreiben von zornigen Briefen zu kathartischen Zwecken. Die Briefe werden mit dem Therapeuten besprochen, aber nicht abgeschickt

psychotherapy, relationship Beziehungpsychotherapie *f* (bei der die Beziehung zwischen Psychotherapeut und Patient Mittel und Ziel der Behandlung ist)

psychotic *a* psychotisch, geisteskrank

psychotic *s* an einer Psychose Leidender *m*

purposefulness Zweckbewußtsein *n*

purposive idea Zielvorstellung *f*

purposivism Zwecklehre *f* (daß Zwecke das Verhalten wirkungsvoll bestimmen)

pyro- Wortelement mit der Bedeutung: Feuer; Hitze

pyrolagnia geschlechtliche Erregung beim Anblick von Feuer

pyromania Pyromanie *f*, Brandstiftungstrieb *m*

pyromaniac Pyromane *m*; Pyromanin *f*

pyromaniacal pyromanisch

Q

quadriplegia Tetraplegie *f* (Lähmung aller vier Extremitäten)

Quota of affect Affektbetrag *m*

R

racial memory Gedächtnis *n* der Rasse (jene Ideen, Impulse und Gefühle, die aus der fernen Vergangenheit des Menschengeschlechts herrühren und daher Teil der geistigen Ausrüstung jedes Menschen sind)

randomization Erreichung *f* einer zufallsmäßigen Verteilung

randomize aufs geratewohl wählen

random sampling zufällige Auswahl, Stichprobenerhebung *f*

range of hearing Hörbereich *m*, Hörfeld *n*

range, visual Sehweite *f*

rapport ungezwungene Beziehung wechelseitigen Vertrauens

raptus actions Raptushandlungen *f/pl* (in einem Wutanfall begangene, destruktive Handlungen, die von sehr gestörten Patienten nicht bei vollem Bewußtsein getan werden)

ratee der Beurteilte; der zu Beurteilende

rate of response Reaktionsrate *f* (Anzahl der Reaktionen pro Zeiteinheit)

rating scale Einschätzungsskala *f*

rationale logische Grundlage

rationalization Rationalisierung *f* (scheinbar auf Vernunft, in Wirklichkeit aber auf Selbsttäuschung beruhende Rechtfertigung von Handlungen oder Haltungen)

rationalize rationalisieren

rat man Ratzemann *m* (Patient Freuds)

reaction Reaktion *f*, Reagieren *n*

reaction, affective Affekthandlung *f*

reaction, conversion *see* conversion reaction

reaction, delayed verzögerte Reaktion, Spätreaktion *f*

reaction, depression reaktive Depression

reaction differential Unterschiedsreaktion *f*

reaction dissociative Abspaltung *f*

reaction, emergence Notfallsreaktion *f*

reaction, escape Fluchtreaktion *f*

reaction formation Reaktionsbildung *f* (in Abwehr peinlicher Gefühle wird deren Gegenteil beteuert)

reaction, negative therapeutic therapeutische Verneinungsreaktion

reaction pattern Reaktionsgefüge *n*

reaction threshold Reaktionsschwelle *f*

reaction time Reaktionszeit *f*

reaction type Reaktionstyp *m*

reactive psychosis Reaktionspsychose *f* (als Folge von Umweltsdruck)

reactive reinforcement Reaktionsverstärkung *f* (die Tendenz eines bewußten emotionellen Verhaltens, ein unbewußtes gegensätzliches Verhalten hervorzurufen)

reactivity Reaktionsfähigkeit *f*

reactor der (die) Reagierende

reading readiness Lesereife *f*

realistic anxiety Realangst *f*

reality adaptation Wirklichkeitsanpassung *f*

reality principle Realitätsprinzip *n* (bezeichnet die psychischen Veränderungen im Leben des Kindes, wenn Phantasie bis zu einem gewißen Grad durch die Wirklichkeit ersetzt wird)

reality testing Realitätsprüfung *f*

rearrangement test Neuordnungstest *m*

receiving hospital Aufnahmespital *n*

receptive character (Fromm) Mensch, der Unterstützung von andern erwartet und solche Unterstützung befriedigend findet

receptor Reizempfänger *m*

recessiveness Zurückweichen *n* Sich-unterwerfen

recessive trait zurücktretender (untergeordneter) Charakterzug (gegenüber einem dominierenden)

recidivism Rückfälligkeit *f*

reconditioning Rekonditionieren *n* (Verstärken des bedingten Reizes durch Reaktivierung des unbedingten Reizes)

recovery Rückkehr *f* (zum Zustand der Ruhe nach Stimu-

104

lierung durch einen Reiz)

recruitment Verstärkung *f* (der Reizwirkung, wenn diese länger andauert)

red-green blindness Rotgrünblindheit *f*

red-sighted rotsichtig

reductionism die Auffassung, daß komplexe Phänomene dadurch verständlich gemacht werden müssen, daß sie in immer einfachere, schließlich elementare Bestandteile zerlegt werden

reference, delusion of *see* delusion of reference

reference frame—frame of reference Bezugssystem *n*

reference, ideas of Beziehungsvorstellungen *f/pl* (Krankheitssymptom der Deutung von bedeutungslosen Vorkommnissen als hätten sie einen Bezug auf das Selbst)

reference, pain *see* pain reference

reference, response *see* responce reference

referent Verweisung *f*; Verweisende(r); jemand an dem man verwiesen wird

referral Verweisung *f* (an einen

Psychiater, Arzt, Berater); die so verwiesene Person

referred sensation Sinnesempfindung *f* an einer andern Stelle als auf die ein Reiz gewirkt hat

reflex Reflex *m*

reflex *a* reflektorisch

reflex action Reflexvorgang *m*

reflex chain Reflexkette *f*

reflex circuit Reflexbogen *m*

reflex, compensatory Reflexleitung *f*

reflex, conditioned konditionierter (*or* bedingter) Reflex

reflex, defense Schutzreflex *m*

reflex, discharge after reflektorische Nachentladung

reflex excitability Reflexerregbarkeit *f*

reflex facilitation Reflexbahnung *f*

reflex fatigue Reflexermüdung *f*

reflex inhibition Reflexhemmung *f*

reflex movement Reflexbewegung *f*

reflex, plantar Fussohlenreflex *m*

reflex, salivary Speichelreflex *m*

reflex, spinal Rückenmarkreflex *m*

reflexogenic, reflexogenous reflexogen, reflexauslösend

reflexogenous zones reflexorische Zonen *f/pl* (Flächen am Körper, an denen alle Punkte gleich empfänglich sind für reflexauslösende Reize)

reflexograph Reflexograph *m*, Reflexschreiber *m*

reflexology Reflexwissenschaft *f*

reflexotherapy Reflextherapie *f*

reflex, patellar Kniescheibenreflex *m*

reflex, pupillary Pupillenreflex *m*

reflex sensitization principle Prinzip *n* der Reflexsensibilisierung (daß wenn ein bestimmter Reflex ausreichend geübt ist, der gleiche Reflex durch einen vorher neutralen Reiz ausgelöst werden kann)

reflex, vesical Blasenreflex *m*

regression Regression *f*, Rückfall *m* (Wiederauftreten früherer geistig-seelischer Formen)

regression, ego *see* ego regression

regression, oral *see* oral regression

regressive behavior regressives Verhalten (das mehr einer frü-

heren Entwicklungsstufe entspricht)

reification Vergegenständlichung *f*, Konkretisierung *f* (Behandlung einer Abstraktion als wäre sie Wirkliches)

reinforcement, partial *see* partial reinforcement

reinforcement, reactive *see* reactive reinforcement

reinforcer Verstärkungsmittel *n*

reinforcing stimulus Verstärkungsreiz *m*

relationship psychotherapy *see* psychotherapy, relationship

relativity of reality Relativität *f* der Wirklichkeit (die von Individuum zu Individuum verschieden ist)

relaxation principle Milderungsprinzip *n* (bezeichnet die experimentelle Modifikation der psychoanalytischen Technik charakterisiert durch nachsichtiges, zartes und liebevolles Verhalten des Analytikers gegenüber dem Patienten)

relaxation therapy Entspannungstherapie *f*

release, emotional Affektauslösung *f*

release phenomenon Enthemmungsphänomen *n*

release therapy Enthemmungstherapie *f* Befreiungstherapie *f*

REM sleep (rapid eye movement) Schlaf mit Träumen und schneller Augenbewegung

remedial reading Nachhilfelesen *n*

remission Remission *f*, Nachlassen *n*

renifleur durch starke Gerüche erotisch Erregte(r)

repetition compulsion Wiederholungszwang *m*

representability, considerations of Rücksicht *f* auf Darstellbarkeit (von Traumgedanken)

repress verdrängen

repression Verdrängung *f*

repression of instincts Triebverdrängung *f*

repression, primal Urverdrängung *f*

repression resistance Verdrängungswiderstand *m*

repression, secondary Sekundärverdrängung *f*

rescue fantasy Rettungsphantasie *f* (der Wunsch zu retten oder gerettet zu werden)

research, psychic Erforschung

des Übersinnlichen

resistance of the ego Ich-Widerstand *m*

resistance of the id Es-Widerstand *m*

resocialization Wiederanpassung *f* an die Gesellschaft

resolution of transference Ablösung der Übertragung

respiratory eroticism Atmungserotik *f* (im Gebrauch von Atmungsapparaten zur Befriedigung libidinöser Triebe) (Ferenczi)

respondent behavior reflexives (durch Reiz ausgelöstes) Verhalten

response Reizantwort *f*, Reaktion *f*

response, conditioned konditionierte Reaktion

response, cue-producing Hinweis hervorrufende Reaktion

response, delayed verzögerte Reaktion, Spätreaktion *f*

response dispersion Reaktionszerfall *m*

response, elicited provozierte Reaktion

response generalization principle Prinzip *n* der verallgemeinernden Reaktion (nach dem, wenn ein Organismus für einen bestimmten Reiz konditioniert ist, dieser Reiz dahin wirkt, auch andere Reaktionen auszulösen; was z.B. die rechte Hand gelernt hat, kann auch die linke tun)

responses, incompatible unvereinbare Reaktionen (die nicht zu gleicher Zeit und an der gleichen Stelle vorkommen können obwohl jeder von ihnen durch den gleichen Reiz ausgelöst werden kann)

response, investigatory Orientierungsreaktion *f*

response latency Reaktionslatenz *f* (Zeitabstand zwischen Reiz und Reaktion; Maß der Reaktionsstärke)

response pattern Verhaltensschema *n*

response psychology Reaktionspsychologie *f*

response rate Reaktionsziffer *f* (Anzahl der Reaktionen innerhalb einer Zeiteinheit)

response reference Reaktionsbeziehung *f* (Stellung einer Reaktion in der Dimension von Ferne zu Nähe)

response set Reaktionsbereit-

schaft *f*

response threshold Reaktionsschwelle *f*

responsive anregbar

responsiveness Anregbarkeit *f*

restriction of the ego Icheinschränkung *f*

restructure umstrukturieren

restructuring Umstrukturierung *f*

retained members method Treffermethode *f*

retardation in maturation Reifungsverzögerung *f*

retention curve Retentionskurve *f*, Behaltenskurve *f*

retention hysteria Retentionshysterie *f* (charakterisiert durch das Vorhandensein von Affekten, die nicht abreagiert sind, besonders als Folge von ungünstigen äußeren Umständen)

retentiveness Merkfähigkeit *f*

retroactive facilitation retroaktive (*or* rückwirkende) Erleichterung

retroactive inhibition retroaktive (*or* rückwirkende) Hemmung

retrograde regressierend; degenerierend

retrograde amnesia *see* amnesia

retrograde

retrogress zurückgehen; sich verschlechtern

retrospective falsification unbeabsichtigte Entstellung im Bericht oder der Erinnerung eines Erlebnisses

reversion Erblichkeit *f* eines rezessiven Charakterzugs; Rückfall auf eine frühere Entwicklungsstufe; Wiederauftauchen eines erblichen Charakterzugs, der in der unmittelbar vorausgehenden Generation fehlte

reversion figure Reversionsfigur *f*

reversion picture Umsprungbild *n*

rhathymia Sorglosigkeit *f*, Unbekümmertheit *f*

rhinolalia Rhinolalie *f*, Näseln *n*, durch die Nase Sprechen *n*

rhypophagy Rhypophagie *f* Kotessen *n*

rhypophoby Rhypophobie *f* (übertriebene Abscheu vor Kot)

righting reflex Aufrichtungsreaktion *f*

role playing Rollenspielen *n*

root conflict Konflikt, der seine Wurzel im frühen Kindesalter hat und auch in späteren Entwicklungsstufen wirksam bleibt

rotation perception Drehungswahrnehmung *f*

rotation sense Drehsinn *m*

rote learning mechanisches Lernen

RS *see* reinforcing stimulus

R/S Verhältnis *n* zwischen Reaktion und Reiz

RT *see* reaction time

S

sampling Stichprobenerhebung
f

sampling error Stichprobenfehler *m*

sampling validity Stichprobenstichhältigkeit *f*

sampling variability Stichprobenveränderlichkeit *f*

sanguine temperament sanguinisches Temperament (gekennzeichnet durch Wärme, Leidenschaftlichkeit, Optimismus)

sanity, mental gesunder Verstand

Sapphism *see* lesbianism

satyriasis Satyriasis *f*, Satyromanie *f* (krankhaft gesteigerter Geschlechtstrieb beim Mann)

scale Test(stufen)reihe *f*

scaled test Test, dessen einzelne Teile von ansteigender Schwierigkeit sind

scaled value die Nummer die einem Punkt auf einer Stufenreihe gegeben wird

scaling die Aufstellung einer Teststufenreihe

scatological skatologisch; obscön

scatophagous kotessend, kopophag

scatter analysis Streuungsanalyse *f* Dispersionsanalyse *f*

scattered zerfahren

scelerophobia Furcht *f* ein Verbrechen zu begehen

schizo- Wortelement mit der Bedeutung: gespalten, Spalt-

schizoid *a* schizoid, schizophrenoid

schizoid *s* Schizoid *m,* schizoider Mensch

schizophrasia Sprachverwirrtheit *f*

schizophrene Schizophrene(r)

schizophrenia Schizophrenie *f*, Spaltungsirresein *n*

schizophrenic schizophren, spaltungsirre

schizothymia Schizothymie *f* (Neigung zu schizophrenem Verhalten, jedoch innerhalb der Grenzen der Normalität)

schizothymic schizothym, von zwiespältigem Gemüt

-scopy Wortelement mit der Bedeutung: Beobachtung, Untersuchung

scoto- Wortelement mit der Bedeutung: Dunkelheit

scotomization Gesichtsfeldausfall *m*

scotophilia krankhafte Neigung, Sexuelles zu betrachten oder zu beobachten und darin geschlechtliche Befriedigung zu finden

scotopia Dämmerungssehen *n*

scotopic adaptation Dunkeladaptation *f*

screen memory Deckerinnerung *f* (eine angenehme Kindheitserinnerung hilft die Erinnerung an eine im ganzen wenig glückliche Kindheit zu verdrängen)

SE *see* standard error

secondary elaboration (*or* **revision**) sekundäre Bearbeitung

secondary repression Sekundärverdrängung *f*

self-abasement Selbstdemütigung *f*, Selbsterniedrigung *f*

self-absorption Versenkung *f* in sich selbst

self-abuse (Euphemismus für) Masturbation *f*

self-acceptance Selbstbejahung *f*

self-actualization Selbstaktualisierung *f*, Selbstverwirklichung *f*

self-aggrandizement Selbsterhöhung *f*, Selbstverherrlichung *f*

self-assertiveness Selbstbehauptung *f*

self-assurance Selbstvertrauen *n*

self-centered selbstbezogen

self-centeredness Selbstbezogenheit *f*

self-communion Selbstbesinnung *f*

self-complacency Selbstgefälligkeit *f*

self-conceit Eigendünkel *m*

self-consciousness Befangenheit *f*, mangelnde Selbstsicherheit

self-deceit Selbsttäuschung *f*

self-denial Selbstverleugnung *f*

self-dependence Selbstständigkeit *f*, Unabhängigkeit *f*

self-depreciation Herabwürdigung *f* seiner selbst

self-disparagement Selbstherabsetzung *f*

self-display Prahlerei *f*, Angeberei *f*

self-effacing sich selbst (sein eigenes Interesse) ausschaltend

self-forgetfulness Selbstverges-
senheit *f*; Selbstlosigkeit *f*
self-fulfillment Selbstverwirklichung *f*
self-identification Übertragung *f*
der persönlichen Eigenschaf-
ten auf einen andern mit
darauffolgender Bewunder-
ung seiner selbst im andern
self-image Selbstauffassung *f*
Bild *n* von sich selbst
self-importance selbstüberschätzung *f*
self-improvement selbstständige
Weiterbildung
self-indulgence Nachgiebigkeit *f*
gegenüber selbst
self-interest Eigeninteresse *n*
self-love Eigenliebe *f*; Selbstsucht *f*
self-maximation höchste Selbst-
steigerung
self-possessed selbstbeherrscht
self-realization Selbstverwirklichung *f*
self-regard Bedachtnahme *f* auf
sich selbst; Selbstachtung *f*
self-reproachful sich selbst Vor-
würfe machend
self-revealing sich selbst offen-
barend
self-righteous selbstgerecht

self-righteousness Selbstgerech-
tigkeit *f*
self-scorn Selbstverachtung *f*
self-starter Person mit Initiative
self-sufficiency Selbstgenüg-
samkeit *f*; Unabhängigkeit *f*
von fremder Hilfe; Eigen-
dünkel *m*
self-surrender sich selbst Auf-
geben
senescence Altwerden *n*; Grei-
senalter *n*
sensationalism Sensationslust *f*
sensation, negative unterschwellige Empfindung
sensation, referred *see* referred
sensation
sensation type Empfindungsty-
pus *m*
sense datum Sinneserfahrung *f*,
Sinneseindruck *m*
sense discrimination sensorisches
Unterscheidungsvermögen
sense, external *see* external sense
sense impression Sinneseindruck
m
sense of reality Wirklichkeits-
sinn *m*
sense, rotation Drehsinn *m*
sensitization Sensitivierung *f*
sensitize sensitivieren
sensorial, sensory sensorisch,

sensoriell (die Sinne betreffend)
sensory sensorisch, Sinnes-,
Empfindungs-
sensory acuity Sinnesschärfe *f*
sensory stimulation Sinnersrei-
zung *f*
sentence-completion test Satz-
vervollständigungstest *m*
sentience Empfindung *f*; Empfindungsvermögen *n*
separation anxiety die Angst des
Säuglings von der Mutter getrennt zu werden
seriation reihenweise Anordnung
series of stimuli Reizserie *f*
set, mental geistig-seelische Einstellung
set, response Reaktionsbereitschaft *f*
sex appeal Sex-appeal *m*, geschlechtliche Anziehungskraft
für das andere Geschlecht
sex education geschlechtliche
Aufklärung
sexiness Sinnlichkeit *f*
sex life Geschlechtsleben *n*
sex need Sexualbedürfnis *n*
sexology Sexualwissenschaft *f*,
Sexualforschung *f*
sex reversal geschlechtliche Um-

kehrentwicklung
sexual affinity geschlechtliche
Anziehung
sexual anesthesia Geschlechtskälte *f*
sexual deviation Sexualabweichung *f*
sexual offense Sexualdelikt *n*
sexy geschlechtsbetont, mit
starkem sexuellen Reiz
shaking spasm Schüttelkrampf
m, Zitterkrampf *m*
shell shock Granatschock *m*
shellshock neurosis Schützengrabenneurose *f*
short-circuit appeal Kurzschluß-
appell *m* (Aufruf zum Handeln mehr durch emotionelle
als intellektuelle Gründe)
shut-in personality blockierter
Mensch
shutting-off reality Realitätsabsperrung *f*
sibling rivalry Geschwisterriva-
lität *f*
siderophobia Furcht *f* vor dem
Himmel und was von ihm
kommt, den Elementen
sign gestalt Zeichengestalt *f*
sign learning Zeichenlernen *n*
sign test Zeichentest *m*
sinistrality Neigung *f* die linke

Hand oder die linke Körperseite in der Bewegung zu bevorzugen

sitomania krankhafte Eßlust

sitophobia krankhafte Furcht vor dem Essen

situationalism die Auffassung, daß das Milieu in erster Linie das Verhalten bestimmt (und nicht die Betonung des Vergangenen oder die von Persönlichkeitsfaktoren)

situation analysis Milieuanalyse *f*

situational-stress test Milieudrucktest *m*

situation psychosis reaktive Neurose (hervorgerufen durch eine höchst traumatische Situation)

situation sampling Milieustichprobenerhebung *f* (Beobachtung und Analyse des Verhaltens einer Person in einer bedeutsamen und representativen Situation im wirklichen Leben)

situation set Bereitschaft *f*, in einer bestimmten Situation in angemessener Weise zu reagieren

situation, social *see* social situation

situation therapy *see* milieu therapy

size-age confusion die Tendenz, Alter und Reife des Kindes nach seiner Größe zu bestimmen

size-weight illusion die Tendenz, ein größeres Objekt auch als ein schwereres anzunehmen

Skinner box Skinnerscher Kasten (schachtelartiger Behälter, in dem die richtige Betätigung eines Mechanismus dem Tier eine Belohnung bringt)

slip of the pen (sich) Verschreiben *n*

slip of the tongue (sich) Versprechen *n*

snake symbol Schlangensymbol *n* (das männliche Geschlechtsorgan)

sociability *see* sociality

sociability rating Geselligkeitseinschätzung *f*

social action Gemeinschaftsaktion *f*

social attitude gesellige Haltung; Haltung *f* der Gesellschaft; Haltung zu Zielen der Gesellschaft

social behavior durch die Gegenwart anderer beeinflußtes

Verhalten; durch den beherrschenden Einfluß der Gesellschaft veranlaßtes Verhalten; Verhalten, dahin gerichtet andere zu beeinflussen; Verhalten in der Gruppe

social climbing das Streben gesellschaftlich emporzukommen

social control der beherrschende Einfluß der Gesellschaft

social drive Drang *m* zu Geselligkeit

social environment gesellschaftliche Umwelt

social facilitation Förderung *f* des Verhaltens, bewirkt durch Anwesenheit von mitarbeitenden oder beobachtenden Gruppen

social hygiene Sozialhygiene *f*

social increment Erhöhung *f* der Leistungsfähigkeit bei Anwesenheit anderer verglichen mit isolierter Arbeit

social instinct Neigung *f* Gruppen zu bilden; Geselligkeit *f*

social insurance benefits Sozialversicherungsleistungen *f/pl*

social insurance contributions Sozialversicherungsbeiträge *f/pl*

social integration Eingliederung *f* in die Gesellschaft

social interaction (wechselseitig beeinflussendes) gesellschaftliches Verhalten

sociality Geselligkeit *f*; Geselligkeitstrieb *m*

socialized medicine verstaatlichte ärztliche Fürsorge, staatlich gelenkter Gesundheitsdienst

social-mindedness altruistisches Interesse an sozialen und ökonomischen Problemen

social mobility soziale Beweglichkeit (Aufwärtssteigen aus einer niederen Klasse in eine höhere)

social pressure Druck *m* der Gesellschaft

social psychology Sozialpsychologie *f* (Zweig der Psychologie, der sich mit dem Verhalten zu andern befaßt)

social science Sozialwissenschaft *f*

social situation die Lage, in der man sich der Umwelt gegenüber befindet

social status gesellschaftlicher Rang (bestimmt durch Beruf, Einkommen etc.)

social studies gesellschaftskundliche (oder soziologische) Studien (fächer), Gesellschafts- oder Gemeinschaftskunde *f*

social work Sozialarbeit *f*

social worker Sozialarbeiter *m* (keine volle Entsprechung, da sich die Funktionen des social worker und des Sozialarbeiters nicht decken)

sociopathic personality Individuum, gestört in seiner Beziehung zur gesellschaftlichen Umwelt (sexuell abnorm; antisozial)

sociopathic personality disturbances eine Gruppe von Störungen im Verhältnis zur Gesellschaft und dem Kulturmilieu

sociopathy breite Gruppe von psychischen Störungen in der Beziehung zur gesellschaftlichen Umwelt

sole reflex Fußsohlenreflex *m*

solution, neurotic (Horney) der unbewußte Versuch, einen innern Konflikt als geringfügig zu empfinden, zu neutralisieren, vom Bewußtsein zu eliminieren und so ein inneres Gleichgewicht wiederherzustellen

somatic compliance Teilhabe *f* des Körpers mit der Psyche in der Erzeugung hysterischer Symptome

somatist Psychiater, der seelische Störungen bloß auf körperliche Ursachen zurückführt

somato- Wortelement mit der Bedeutung: Körper

somatopsychic *see* psychosomatisch

somatopsychosis psychische Störung, bei der die Wahnsymptome einzelne Körperteile betreffen

somatotonia Temperament *n*, bei dem kraftvolle Körpertätigkeit und großes Selbstbewußtsein vorherrschen

somesthesia allgemeine Empfindlichkeit (der Haut, der Muskeln, der Gelenke)

somniloquence, somniloquism, somniloquy Schlafreden *n*

somnolence Schlaftrunkenheit *f*

somnolent detachment allgemeiner Mangel an Reaktionsfähigkeit; Apathie *f*

somnypathy Schlafschwierigkeit *f*; Hypnotismus *m*; hypnotischer Schlaf

sophisticated verfeinert, gesitig differenziert

sopor Sopor *m*, Schlafsucht *f*; Lethargie *f*

sorting method Sortierungsmethode *f*

sorting test Sortiertest *m*

soul image Seelenbild (Jung) (der tiefste Teil des Unbewußten bestehend aus animus [dem männlichen] und anima [dem weiblichen] Bestandteil)

sound cage Raum *m* zur Schallkalibration

sound mixture Schallgemisch *n*

sound perception Schallempfindung *f*

sound perimetry die Bestimmung der Präzision, mit der jemand Töne, die von verschiedenen Richtungen im Raum herrühren, feststellen kann

sound ranging Tonlokalisation *f*

source of the instinct Triebquelle *f*

source of stimulation Reizquelle *f*

sour-grapes mechanism Saure Trauben-Mechanismus *m*

space error Raumfehler *m*

space illusion Raumtäuschung *f*

space orientation Orientierung *f* im Raum

span of apprehension Erfassungsspannweite *f*

span of attention Aufmerksamkeitsspanne *f*

span of consciousness Bewußtseinsspannweite *f*

span of perception Bewußtseinsumfang *m*

spasm, facial Gesichtskrampf *m* Gesichtszuckungen *f/pl*

spasm, functional Überanstrengungskrampf *m*

spasm, nodding krampfhaftes Nicken

spasm, shaking Schüttelkrampf *m*, Zitterkrampf *m*

spasmoarthria Sprechen, charakteristisch für an spastischer Paralyse Leidenden

spasmophemia Stottern *n*

spasmophilia Krampfneigung *f*

spasmophilic zu Krämpfen neigend

spastic krampfhaft, konvulsiv

spasticity Krampfneigung *f*

spectrophobia Furcht *f* sich im Spiegel zu sehen

speech block Sprachblockierung *f*

speech disorder Sprachstörung *f*

speech, inner or internal stimmloses Sprechen zu sich selbst

speech reading Lippenlesen *n*

sphincter control Schließmuskel-(oder Sphinkter-) beherrschung *f*

sphincter morality Sphinktermoral *f*

sphincter type einer der ein Geizhals oder Verschwender ist als direkte Folge einer vorzeitigen und zwanghaften Erziehung in Hinsicht auf Darmentleerung

spinal reflex Rückenmarkreflex *m*

split-off consciousness (W. James) abgespaltenes Bewußtsein

splitting of the ego Ich-Spaltung *f*

spontaneity test Spontaneitätstest *m*

SR Abkürzung für stimulus reflex

SRA Abkürzung für eine Anzahl von Tests veröffenlicht von Science Research Associates

staircase illusion *see* illusion, staircase

stereoagnosis Tastblindheit *f*

sthenic sthenisch, kraftvoll

stimulation Erregung *f*, Reizung *f*, Reizauslösung *f*

stimulation, sensory Sinnesreizung *f*

stimulation, subthreshold unterschwellige Reizung

stimulus, afflux of Reizzufuhr *f*

stimulus attitude Reizobjekteinstellung *f*

stimulus, auditory Hörreiz *m*

stimulus complex Reizkomplex *m*

stimulus, conditioning konditionierender Reiz

stimulus, discrete getrennter Reiz

stimulus, drive Triebreiz *m*

stimulus, extra Zusatzreiz *m*

stimulus, inhibitory Hemmreiz *m*

stimulus, instinctual Triebreiz *m*

stimulus, liminal Schwellenreiz *m*

stimulus pattern Reizanordnung *f*

stimulus, punctiform punktförmiger Reiz

stimulus, prepotent vorherrschender Reiz (unter mehreren Reizen)

stimulus range Reizbereich *m*

stimulus, reinforcing Verstärkungsreiz *m*

stimulus response Reizreaktion *f*

stimulus, standard Normalreiz *m*

stimulus, subliminal unterschwelliger Reiz

stimulus, supraliminal überschwelliger Reiz

stimulus, terminal Grenzreiz (auf den ein Organismus reagieren kann)

stimulus threshold Reizschwelle *f*

stimulus trace Reizspur *f*

stimulus value Reizwert *m*; Reizintensität *f*

stipulation, source of Reizquelle *f*

storm-and-stress period Sturm- und Drangperiode (in der Adoleszenz, charakterisiert durch emotionellen Aufruhr)

stream of consciousness Bewußtseinsstrom *m*

stress interview Befragung *f* zur Einschätzung des Interviewten in seiner Reaktion auf Entmutigung, Resentiment und Ärger

stroboscopic effect stroboskopischer Effekt

stroboscopic illusion stroboskopische Täuschung (die scheinbare Bewegung von zwei dicht auf einander folgenden Lichtreizen)

structural psychology Schule der Psychologie, die durch introspektive Experimente seelische Haltungen analysiert

structure, perceptual Wahrnehmungsstruktur *f* (hinsichtlich der Beziehungen zwischen den einzelnen Teilen des Wahrgenommenen)

student personnel work Ermutigung und Leitung aller studentischer Aktivitäten außer derer im Hörsaal oder Laboratorium; Analyse der Individualität des Studenten im weitesten Sinn und Hilfe im Finden der besten Entwicklungsmöglichkeit

stylistic behavior manirirtes Benehmen

stylized behavior formelles, traditionelles Benehmen

subconscious *a* unterbewußt; unbewußt; halb bewußt

subconscious *s*, **subconsciousness** das Unterbewußte, Unterbewußtsein *n*

subject Versuchsperson *f*

sublimate sublimieren, in geistige oder soziale Betätigung umsetzen

sublimation Sublimierung *f*

substitute formation Ersatzbildung *f*

subtest Untertest *m*

suggestibility Beeinflußbarkeit *f*, Suggestibilität *f*

suggestive anregend; zweideutig

suggestion, negative *see* negative suggestion

suggestiveness Zweideutigkeit *f*, Anzüglichkeit *f*

sum of excitation Erregungssumme *f*

superego Überich *n*

superego resistance Überichwiderstand *m*

superiority complex Superioritätskomplex *m*

superiority feeling Überlegenheitsgefühl *n*

superstructure, psychic psychischer Überbau

supple nachgiebig; anpassungsfähig

suppleness Nachgiebigkeit *f*; Anpassungsfähigkeit *f*

suppression Unterdrückung *f*; Verdrängung *f*

supraliminal überschwellig, bewußt

surface trait Oberflächeneigenschaft *f*

surrender, psychotic Zusammenbruch *m* der Bemühung, der Wirklichkeit ins Gesicht zu schauen

survey method Befragungsmethode *f*

survey research Erkundungsuntersuchung *f*

susceptibility Beeindruckbarkeit *f*; Anfälligkeit *f*

susceptible of cathexis besetzbar

symbol erotism Symbolerotik *f*

symbolic realization symbolische Wunscherfüllung

symbolism Symbolik *f*

symbolization Symbolisierung *f*, sinnbildliche Darstellung; symbolische Bedeutung

sympathetic induction sympathische Auslösung (der Emotionen einer Person durch die zum Ausdruck gekommenen Gefühle einer anderen)

sympathetic magic Sympathiezauber *m*

symptomatic act symptomatische Handlung (die einen psychischen Vorgang darstellt)

symptom cluster, symptom complex Symptomenkomplex *m*, Syndrom *n*

symptom formation Symptombildung *f*

symptom, impulse-conducting Reizleitungssystem *n*

symptom neurosis symptomatische Neurose

symptom substitute Symptomenersatz *m*

symptom value Symptomenwert *m*

syn Wortelement mit der Bedeutung: mit, susammen

syncope Bewußtlosigkeit *f*

syndrome Symptomenkomplex *m*

syndrome adaptation Anpassungssyndrom *n*

synergic, synergetic zusammen wirkend

synesthesia Synästhesie *f*, Mitempfinden *n*

syntonia Syntonie *f* (hochgradig emotionelle Reaktivität bei Neigung zu manischer Depression)

syntonic extrovertiert

syntrophy freundliches Verhältnis zur Umwelt

system, feedback Rückmeldesystem

system, sympathetic nervous sympathisches Nervensystem

system, vegetative nervous vegetatives Nervensystem

T

tachy- Wortelement mit der Bedeutung: schnell

tachycardia Tachykardie *f*, hohe
Pulsfrequenz

tachylalia, tachyph(r)asia abnorm schnelles Sprechen

tactile, tactual den Tastsinn betreffend, Tast-

tactile agnosia Tastblindheit *f*;
Tastlähmung *f*

taint, hereditary erbliche Bela-
stung

taphophilia krankhafte Vorliebe
für Gräber und Friedhöfe

taphophobia Furcht lebendig be-
graben zu werden

tapping test Klopftest *m*

tarantism Tarantismus *m*, Tanz-
wut *f*

task-irrelevant nicht aufgabebezogen

task-oriented aufgabebezogen

-taxis Wortelement mit der Bedeutung: Anordnung

taxonomic taxonomisch, Klassi-
fizierungs-

taxonomy Systematik, Klassifi-
kationslehre *f*

teaching analysis Lehranalyse *f*

technopsychology angewandte
Psychologie

tele-[1] Wortelement mit der Bedeutung: Endzweck, Ziel; Ende

tele-[2] Wortelement mit der Bedeutung: fern, Fern-; Ziel,
Ende

telegnosis Hellsehen *n*

telekinesis (Parapsych.) Tele-
kinese *f* [Bewegung von Gegenständen durch andere (un-
erklärte) als physische Kräfte]

telesthesia außersinnliche
Wahrnehmung, übersinnliche
Fernempfindung

telic zweckbestimmt

temper tantrum Wutanfall *m*

temperature illusion Tempera-
turtäuschung *f*

temperature sensitivity Tempe-
raturempfindlichkeit *f*

tendency, instinctive Triebten-
denz *f*

tendon reflex Sehnenreflex *m*

tendon sensation Sehnenemp-
findung *f*

tension reduction Spannungslösung *f*

tension release Spannungsentspannung *f*

tensive Spannung verursachend

terminal sensitivity der höchste Grad von Empfindlichkeit, dessen ein Organ fähig ist

terminal stimulus der größte Reiz, auf den ein Organismus reagieren kann

testability Prüfbarkeit *f*

testable prüfbar, untersuchbar

test, absurdity *see* absurdity test

test battery Testreihe *f*

test, cause-and-effect Ursache-und-Wirkungstest *m*

test, completion *see* completion test

test, culture-free kulturunabhängiger Test

test, disarranged-sentence *see* disarranged-sentence test

test, dotting Punktiertest *m*

testee Testperson *f*

tester Prüfer, *m*, Testleiter *m*

test, free-response Test, bei dem die Art der Antwort nicht beschränkt ist, sofern sie sich nur auf die Aufgabe bezieht

test, individual Einzeltest *m*

test, intelligence Intelligenz-

prüfung *f*

test, misperception Trugwahrnehmungstest *m*

test, missing-parts Test *m* der fehlenden Teile

test, multiple-choice Alternativantworttest *m*

test, multiple-response Test bei dem der Prüfling mehr als eine der zur Wahl freigestellten Antworten als richtig bezeichnen darf

test, non-verbal sprachfreier test

test, occupational Berufstest *m*

test, omnibus Gesamttest *m*

test, performance (von Wortwissen unabhängiger) Leistungstest

test, picture-completion Bilderordnentest *m*

test, picture interpretation Bildinterpretationstest *m*

test, proficiency Tüchtigkeitstest, Fertigkeitstest *m*

test, rate Test, bei dem nicht die richtige Beantwortung aller Fragen erwartet wird sondern nur die eines Teils derselben, wonach dann das Prüfungsergebnis bemessen wird

test, rearrangement Wiederanordnungstest *m*

test reliability Zuverlässigkeits-
test *m*

test, scaled *see* scaled test

test scaling Testabstufung *f*

test score Testpunktwert *m*,
Testergebnis *n*

test, selective-answer Test bei
dem der Prüfling von einer
Vielheit von Antworten eine als
die beste bezeichnen darf

test, sentence completion Satz-
vervollständigungstest *m*

test, situational stress Milieudrucktest *m*

test, spontaneity Spontaneitätstest *m*

test, standard normierter Test

test, timed zeitlich festgelegter
Test

test validity Testgültigkeit *f*

tetartanopia Tetarnatopie *f*
(Farbenblindheit, bei der
blau und gelb nicht unterschieden wird)

tetra- Wortelement mit der Bedeutung: vier; aus vier Teilen
bestehend

thanatophobia krankhafte To-
desfurcht

theory, stimulus response Reiz-
Antworttheorie *f*

therapeutics Therapeutik *f*, Be-
handlungslehre *f*

therapeutist, therapist Thera-
peut(in) *m/f*

therapy Therapie *f*, Behandlung *f*; Heilverfahren *n*

therapy, acceptance *see* release
therapy

therapy, convulsive Krampf-
schocktherapie *f*

therapy, exaltation Erregungstherapie *f*

therapy, dilution Behandlung,
bei der der Therapeut sich
bemüht, den Patienten zu über-
zeugen, daß seine Schuldge-
fühle grundlos sind, da seine
Fehltritte ganz allgemein sind

therapy, expressive Ausdrucks-
therapie *f*

therapy, milieu Milieutherapie
f (durch Veränderung der
Umwelt oder der Lebensum-
stände des Patienten)

therapy, occupational Beschäftigungstherapie *f*

therapy, persuasive Überredungs-
therapie *f*

therapy, repressive *see* repressive
therapy

therapy, situation(al) *see* milieu
therapy

thermalgesia Thermästhesie *f* (übermäßige Empfindlichkeit gegen Wärme)

thermohypesthesia abnormale Unempfindlichkeit gegenüber Hitze

thing presentation Sachvorstellung *f* (Freud)

thinking, directed gesteuertes Denken

thinking, imageless unanschauliches Denken

thinking, scattered konfuses Denken

thinking, wishful Wunschdenken *n*

thought, impulses Gedankenimpulse *m/pl* (Traumregungen, die nicht von Trieben herrühren sondern von den Spannungen des Alltagslebens)

thought transference Gedankenübertragung *f*

threshold Reizschwelle *f*

threshold, absolute difference absolute Unterschiedsschwelle

threshold, arousal Erregungsschwelle *f*

threshold of consciousness Bewußtseinsschwelle

threshold, difference Unterschiedsschwelle *f*

threshold, lower untere Reizschwelle

threshold, pain Schmerzgrenze *f*

-thymia Wortelement mit der Bedeutung: emotionaler Zustand

thymo- Wortelement mit der Bedeutung: Seele; Geist; Temperament

tinnitus Ohrensausen *n*

toilet training Reinlichkeitsgewöhnung *f*

tolerance, frustration *see* frustration tolerance

tolerance test Toleranzversuch *m*, Belastungsprobe *f*

tonal gap Tonlücke *f*

tontriphobia krankhafte Furcht vor Donner

tonus Spannkraft *f*, Elastizität *f*

toponeurosis lokalisierte Neurose

topophobia Topophobie *f* (Furcht vor einem bestimmten Ort)

toxicomania Toxikomanie *f*, Giftsucht *f*, (krankhafte Sucht nach Rauschgiften)

toxic psychosis Blutvergiftungspsychose *f*

toxiphobia krankhafte Furcht

vor Vergiftung

tracts of association Associationsbahnen *f*/*pl*

traditions-directed traditionsgelenkt

training analysis Lehranalyse *f*

train of thought Gedankenkette *f*

trait, environment-molded umweltgeprägte Eigenschaft

trait organization die Beziehung zwischen den verschiedenen Charaktereigenschaften eines Menschen, die seine Individualtät ausmachen

trait, personality Persönlichkeitszug *m*

trait profile Charakterquerschnitt *m*

transference, countersexual Übertragung *f* zum andern Geschlect

transference, negative *see* negative transference

transference neurosis Übertragungsneurose *f*

transference resistance Übertragungswiderstand *m*

transference of thoughts Gedankenübertragung *f*

transformation, affective *see* affective transformation

transformation of instincts Triebtransformation *f*, Triebum-

wandlung *f*

transitional object Übergangsobjekt *n*

transition point Überschreitungspunkt *m*

transition zone Überschreitungsbereich *m*

transvaluation Umwertung *f*

transvestism Transvestitismus *m* (das andauernde Verlangen sich wie das andere Geschlecht zu kleiden oft verbunden mit geschlechtlicher Erregung, wenn so gekleidet)

traumasthenia traumatische Neurose *f*, Nervenschwäche *f*

traumatic psychosis traumatische (durch Verletzung verursachte) Neurose

traumatism Traumatismus *m* (seelischer Zustand nach einer Verletzung)

traumatophilic *see* accidentprone

traumatophobia krankhafte Furcht vor Verletzungen

tremens, delirium *see* delirium tremens

trend, personality Charakterrichtung *f*

trial response Versuchsantwort *f*

tribadism Tribadie *f*, lesbische Liebe

trich- Wortelement mit der Bedeutung: Haar

trichesthesia übergroße Empfindlichkeit, wenn jemand sein Haar berührt fühlt

trichitillomania unbeherrschbarer Drang sich die Haare auszureißen

trick Abwehrmechanismus *m* der einen verhindert seine eigenen Mängel zu sehen

trigger action Auslösungswirkung *f*

tritanopia Tritanopie *f* (teilweise Farbenblindheit bei der rötlich-blau und grünlich-gelb nicht unterschieden werden)

trophic trophisch, mit der Ernährung zusammenhängend

tropism Tropismus *m* (Neigung zu bestimmten instinktiven Reizbewegungen)

-tropy Wortelement mit der Bedeutung: Wendung

turbid geistig verwirrt

twilight attacks epileptischer Zustand mit plötzlichen Bewußtseinsveränderungen, unwillkürlichen Bewegungen und verwirrtem Reden

twilight state Dämmerzustand *m*

twilight vision Dämmerungsehen *n*

two-point threshold Zweipunktschwelle *f*

type, allotropic *see* allotropic type

type, compulsive Zwangstyp *m*

type, feeling emotioneller Typus

type, imagery Vorstellungstypus *m*

type, sphincter *see* sphincter type

U

unconditioned reaction unbedingte Reaction

unconscious, collective das kollektive Unbewußte

unconscious memories verdrängte Erinnerungen

unconscious, racial rassisches Unbewußtes

unconsciousness Unbewußtheit; Bewußtlosigkeit *f*

underachiever Schüler, dessen Leistungen hinter seinen Fähigkeiten zurückbleiben

underproductive unterproduktiv

undifferentiated undifferenziert, nicht verfeinert

undoing infantiler (auch bei Neurosen vorkommender) Abwehrmechanismus, bei dem durch eine bestimmte Handlung die Wirkung einer früheren Handlung ungeschehen zu machen beabsichtigt ist

universal complex Komplex der von elementaren (allgemeinen) Trieben herrührt

unlearning Bemühung *f* sich zu befreien (von)

unpleasure Unlust *f* (Freud) (Erhöhung der Triebspannung)

unresolved conflict ungelöster Konflikt

unsociability Ungeselligkeit *f*

unstable unbeständig, labil

unstructured ungegliedert, unstrukturiert

UR Abkürzung für unconditioned response

uranism männliche Homosexualtät

uranist männlicher Homosexueller

urethral (or urinary) eroticism Harnröhrenerotik *f*, Urethralerotik *f*

urolagnia geschlechtliche Erregung beim Urinieren

uxorious der Ehefrau blind ergeben; unter dem Pantoffel stehend

V

valence Anziehungskraft *f*, Aufforderungscharakter *m*

variable, autochthonous autochthone (ursprüngliche) Variabel

variable, dependent abhängige Variable, abhängig veränderliche Größe

variable, independent unabhängige Variable, unabhängig-veränderliche Größe

variable, intervening intervenierende (vermittelnde) Variabel

variable-interval schedule veränderliche Zeitspannenfolge

variable-ration schedule veränderliche Verhältnisfolge

vasomotor vasomotorisch, Gefäßnerven-

vegetative nervous system *see* autonomous nervous system

vegetative neurosis Neurose, die sich in Störungen der vegetativen Funktionen manifestiert

velleity Velleität *f* kraftloses Wollen

verbal image verbale Darstellung (einer Erinnerung oder eines erinnerten Gegenstandes)

verbalization viele Worte machen statt zu handeln; Weitschweifigkeit *f*

verbal test mündlicher Test (der aber Vertrautheit mit der mundartlichen Sprache und der Schriftsprache voraussetzt)

verbigeration neurotisches, zusammenhangloses Reden

verbomania *see* logorrhea

vesania jede klar definierbare Neurose, die keine körperliche Ursache hat; Geistesschwäche *f*

vibratory sensitivity Vibrationsempfindlichkeit *f*, Schwingungsempfindlichkeit *f*

vicarious functioning stellvertretendes Funktionieren (das Einsetzen eines psychologischen Vorgangs für einen anderen)

VIQ Abkürzung für verbal intelligence quotient

virilism Virilismus *m*, Maskulinismus *m*

visceral drive Drang, der auf
physiologische Vorgänge im
Körper zurückzuführen ist

viscero- Wortelement mit der
Bedeutung: Eingeweide

vigilance function Erregungsfunktion *f*

viraginity Viraginität *f*, Mann-
weibnatur *f*

visile einer dessen Vorstellungs-
welt vorwiegend visuell ist

visual field Gesichtsfeld *n*

vocational-aptitude test Berufs-
eignungstest *m*

vocational counseling Berufsberatung *f*

vocational guidance Berufsberatung *f*

voyeurism Voyeurtum *n*

W

warming-up period Eingewöh-
nungsperiode *f*

washing compulsion Wasch-
zwang *m*, Waschmanie *f*

we-feeling Wir-Gefühl *n* (Grup-
pengefühl gemeinsamer Ziele
und wechselseitiger Loyalität)

wild psychoanalysis wilde Psychoanalyse (von Amateuren
oder unerfahrenen Psycho-
therapeuten)

wish dream Wunschtraum *m*

wish fulfillment Wunscherfüllung *f*

wishful thinking Wunschdenken
n, Illusion(en) *f/pl*

withdrawal of affection Affekt-
entzug *m*

withdrawal of cathexis Entzie-
hung *f* der Besetzung; Un-
besetztheit *f*

withdrawal symptom Entzie-
hungssymptom *n*

withdrawing response Zurück-
ziehungsreaktion *f*

withdrawn behavior in sich ge-
kehrtes (introvertiertes) Verhalten

word blindness Wortblindheit *f*

word-building test Wortbildungs-
test *m*

word salad Wortsalat *m*

working through Durcharbei-
tung *f* (die Methode bei der
der Patient immer wieder den
gleichen Konflikten gegen-
übertreten muß, bis er diese
Konflikte unter Aufsicht des
Psychotherapeuten, jedoch un-
abhängig von ihm meistern
kann)

work of mourning Trauerarbeit
f (Freud)

writing tremor Schreibzittern *n*

131

X

xantho Wortelement mit der Bedeutung: gelb
xanthocyanopsia Gelb-oder-
Blausehen *n*; Rotgrünblindheit *f*
xanthopsia Gelbsehen *n*

Z

zone, primacy Primärzone *f* (die auf der jeweiligen Stufe der Entwicklung die größte Libido-Befriedigung bietet (oral, anal, phallic, genital)

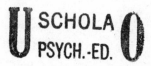